2021

中国渔业统计年鉴

农 业 农 村 部 渔 业 渔 政 管 理 局
全国水产技术推广总站　中国水产学会　　编制

中国农业出版社
北　京

《中国渔业统计年鉴》编辑委员会

编　者　说　明

一、《中国渔业统计年鉴》以正式出版年份标序。其统计数据起讫日期：渔民家庭收支调查起讫时间为2019年11月1日至2020年10月31日；渔业科技统计数据起讫时间为2019年1月1日至2019年12月31日；其他数据起讫时间为2020年1月1日至2020年12月31日。

二、统计数据中，远洋渔业数据按照远洋渔业管理办法进行统计；国家级水产原良种场数据来源于渔业渔政管理局养殖处；渔港数据来源于2020年全国沿海渔港核查工作；水产品贸易数据来源于中国海关统计；渔业科技数据来源于农业农村部相关统计资料；技术推广数据来源于全国水产技术推广总站、中国水产学会；其余数据来源于31个省、自治区、直辖市渔业主管部门和中国农业发展集团总公司。

三、主要统计指标数据执行2017年度国家统计局批准执行的统计指标体系（国统制〔2017〕173号）。

四、度量衡单位均采用国际统一标准计量单位。涉及水产品产量数字一律采用1996年制定的水产品产量统计新标准统计。

五、部分数据合计数或相对数由于单位取舍不同而产生的计算误差，均未做机械调整。

六、全国统计数据中，均未包括香港特别行政区、澳门特别行政区和台湾省。

七、各表中的“空格”表示该项统计指标数据不足本表最小单位数、数据不详或无该项数据。

八、本年鉴数据如有误列，敬请及时指正。

2020 年全国渔业统计情况综述

2020 年，面对严峻复杂的国内外环境，全国渔业系统深入学习贯彻习近平总书记关于“三农”工作重要论述和涉渔工作重要指示批示精神，全面落实党中央、国务院和农业农村部党组各项决策部署，围绕水产品稳产保供、做好“六稳”工作、落实“六保”任务和实施乡村振兴战略，有效应对新冠肺炎疫情、洪涝台风灾害、国际经济下行等风险挑战，扎实推进渔业高质量发展和长江禁捕退捕工作。统计数据显示，全年渔业生产总体平稳，水产品产量由降转增，水产品供给由大量滞销到逐步恢复常态，市场价格先跌后升，渔业经济运行持续稳定恢复。

一、全社会渔业经济总产值

按当年价格计算，全社会渔业经济总产值 27 543.47 亿元，其中渔业产值 13 517.24亿元，渔业工业和建筑业产值 5 935.08 亿元，渔业流通和服务业产值 8 091.15 亿元，三个产业产值的比例为 49.1 ：21.5 ：29.4，如图 1 所示。渔业流通和服务业产值中，休闲渔业产值 825.72 亿元，同比下降 14.32% 。

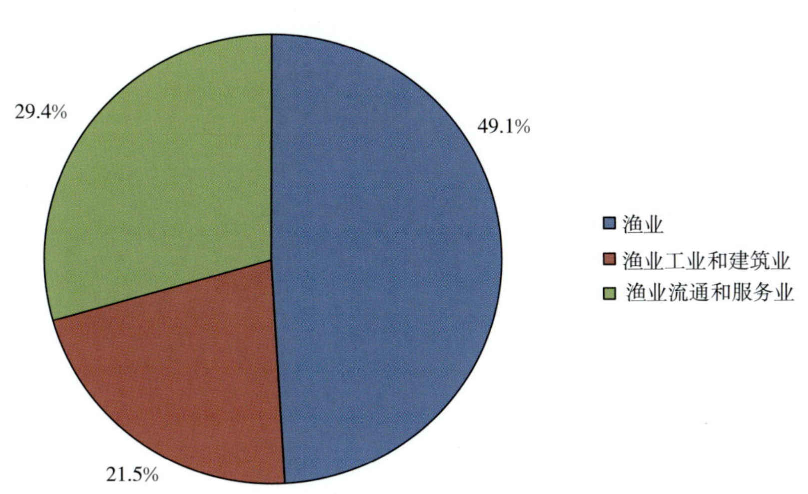

图 1　2020 年渔业经济总产值构成

渔业产值中，海洋捕捞产值 2 197.20 亿元，海水养殖产值 3 836.20 亿元，淡水捕捞产值 403.94 亿元，淡水养殖产值 6 387.15 亿元，水产苗种产值

692.74 亿元（渔业产值以国家统计局年报数据为准）。

渔业产值中（不含苗种），海水产品与淡水产品的产值比例为 47.0：53.0，养殖产品与捕捞产品的产值比例为 79.7：20.3。

二、渔民人均纯收入

据对全国近 1 万户渔民家庭当年收支情况调查，全国渔民人均纯收入 21 837.16元，比上年增加 728.87 元、增长 3.45%。

三、水产品产量及人均占有量

2020 年，全国水产品总产量 6 549.02 万吨，比上年增长 1.06%。其中，养殖产量 5 224.20 万吨，同比增长 2.86%，捕捞产量 1 324.82 万吨，同比降低 5.46%，养殖产品与捕捞产品的产量比例为 79.8：20.2，如表 1、表 2 所示；海水产品产量 3 314.38 万吨，同比增长 0.97%，淡水产品产量 3 234.64 万吨，同比增长 1.15%，海水产品与淡水产品的产量比例为 50.6：49.4。

表 1　2020 年全国水产养殖产量

指　　标	养殖产量（万吨）	海水养殖		淡水养殖	
		产量（万吨）	同比（%）	产量（万吨）	同比（%）
全国总计	**5 224.20**	**2 135.31**	**3.39**	**3 088.89**	**2.49**
鱼　　类	2 761.36	174.98	8.97	2 586.38	1.51
甲 壳 类	603.29	177.50	1.79	425.79	8.33
贝　　类	1 498.71	1 480.08	2.86	18.63	-1.75
藻　　类	262.14	261.51	3.02	0.62	14.31
其　　他	98.70	41.24	9.81	57.47	8.11

表 2　2020 年国内捕捞产量

指　　标	国内捕捞产量（万吨）	海洋捕捞		淡水捕捞	
		产量（万吨）	同比（%）	产量（万吨）	同比（%）
全国总计	**1 093.16**	**947.41**	**-5.27**	**145.75**	**-20.84**
鱼　　类	759.67	648.78	-4.99	110.89	-19.87
甲 壳 类	197.27	181.08	-5.59	16.18	-31.08
贝　　类	53.33	36.19	-12.14	17.14	-16.34
藻　　类	2.20	2.17	24.66	0.02	3 314.29
头 足 类	56.49	56.49	-0.76		
其　　他	24.21	22.70	-11.41	1.52	-14.02

2020 年，远洋渔业产量 231.66 万吨，同比增长 6.75%，占水产品总产量的 3.54%。

2020 年，全国水产品人均占有量 46.39 千克（根据第七次全国人口普查结果，全国人口为 141 178 万人），比上年减少 0.06 千克、下降 0.13%。

四、水产养殖面积

2020 年，全国水产养殖面积 7 036.11 千公顷，同比下降 1.02%。其中，海水养殖面积 1 995.55 千公顷，同比增长 0.17%；淡水养殖面积 5 040.56 千公顷，同比下降 1.48%；海水养殖与淡水养殖的面积比例为 28.4∶71.6，如表 3、表 4 所示。

表 3　2020 年全国海水养殖面积

指　　标	海水养殖面积（千公顷）	同比（%）	占总面积比重（%）
全国总计	**1 995.55**	**0.17**	
鱼　　类	78.87	4.68	3.95
甲 壳 类	295.17	2.54	14.79
贝　　类	1 197.41	-0.57	60.00
藻　　类	141.81	0.05	7.11
其 他 类	282.29	-0.25	14.15

表 4　2020 年全国淡水养殖面积

指　　标	淡水养殖面积（千公顷）	同比（%）	占总面积比重（%）
全国总计	**5 040.56**	**-1.48**	
池　　塘	2 625.40	-0.73	52.09
湖　　泊	720.65	-6.42	14.30
水　　库	1 420.87	0.30	28.19
河　　沟	147.45	-5.11	2.93
其　　他	126.19	-2.59	2.50

五、渔船年末拥有量

2020 年，年末渔船总数 56.33 万艘、总吨位 1 005.93 万吨。其中，机动渔船 37.48 万艘、总吨位 979.68 万吨、总功率 1 856.39 万千瓦；非机动渔船 18.85 万艘、总吨位 26.25 万吨。

机动渔船中，生产渔船 36.02 万艘、总吨位 870.66 万吨、总功率

1 624.80万千瓦。辅助渔船1.46万艘、总吨位109.03万吨、总功率231.58万千瓦。

六、渔业人口和渔业从业人员

2020年，渔业人口1 720.77万人，比上年减少107.44万人、下降5.88%；渔业人口中传统渔民为555.43万人，比上年减少45.06万人、下降7.50%。渔业从业人员1 239.59万人，比上年减少52.11万人、下降4.03%。

七、水产品加工与贸易

截至2020年年底，全国水产加工企业9 136个，水产冷库8 188座。水产加工品总量2 090.79万吨，同比下降3.71%，其中，海水加工产品1 679.27万吨，淡水加工产品411.51万吨，同比海水下降5.45%、淡水增长4.09%。用于加工的水产品总量2 477.16万吨，同比下降6.52%。其中，用于加工的海水产品1 952.98万吨，同比下降6.64%；用于加工的淡水产品524.18万吨，同比下降6.09%。

据海关总署统计，2020年我国水产品进出口总量949.04万吨、进出口总额346.06亿美元，同比分别下降9.89%和12.07%。其中，出口量381.18万吨、出口额190.41亿美元，同比分别下降10.66%和7.81%；进口量567.86万吨、进口额155.65亿美元，同比分别下降9.36%和16.77%。贸易顺差34.76亿美元，比上年同期增加15.24亿美元。

八、渔业灾情

2020年，全年由于渔业灾情造成水产品产量损失116.95万吨，受灾养殖面积808.79千公顷，沉船83艘，死亡、失踪和重伤人数22人，直接经济损失181.97亿元。

2016—2020 年主要统计指标统计图

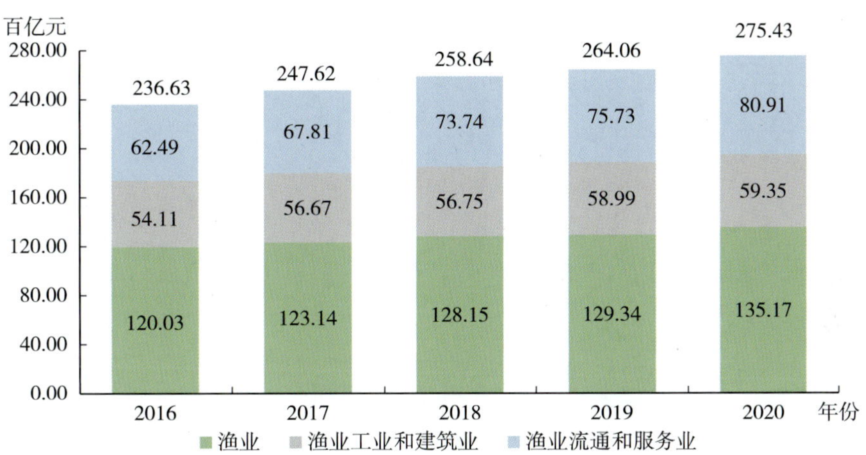

图 1　2016—2020 年全国渔业经济总产值及构成

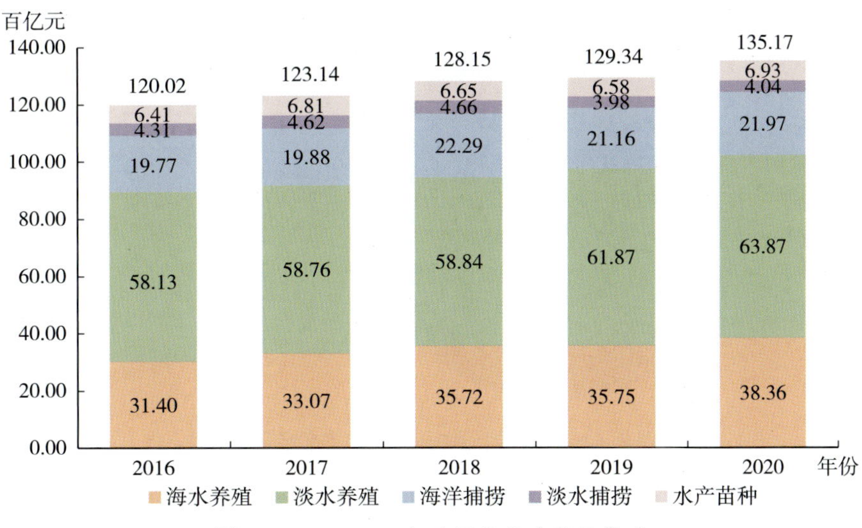

图 2　2016—2020 年全国渔业产值及构成

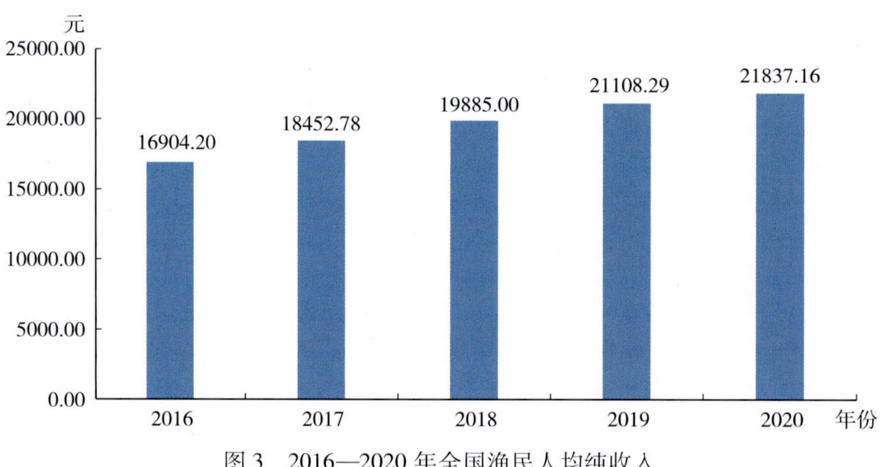

图 3　2016—2020 年全国渔民人均纯收入

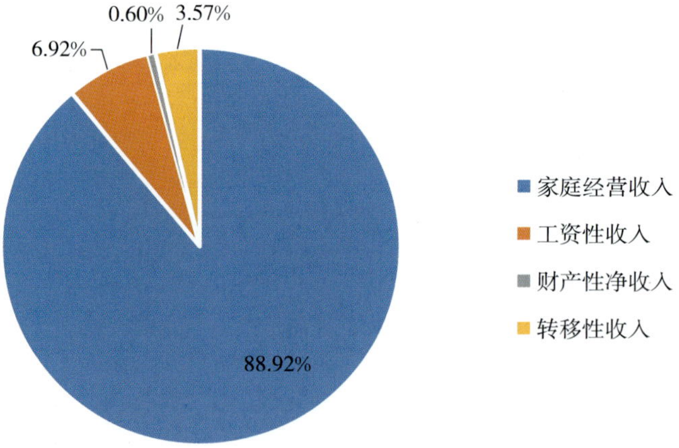

0.60%　3.57%
6.92%
88.92%

■ 家庭经营收入
■ 工资性收入
■ 财产性净收入
■ 转移性收入

图 4　2020 年全国渔民家庭人均总收入构成

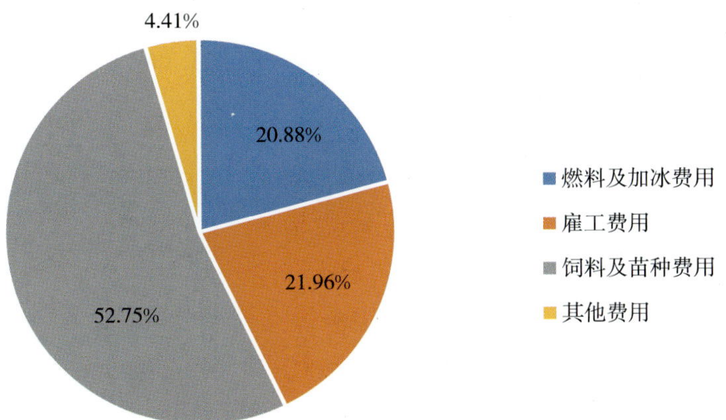

图 5　2020 年全国渔民家庭经营渔业人均支出构成

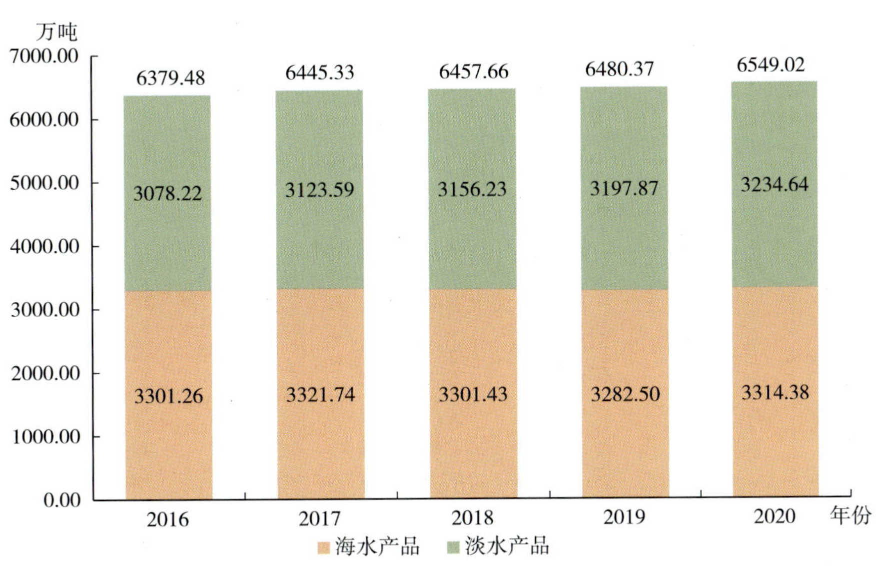

图 6　2016—2020 年全国水产品产量及构成

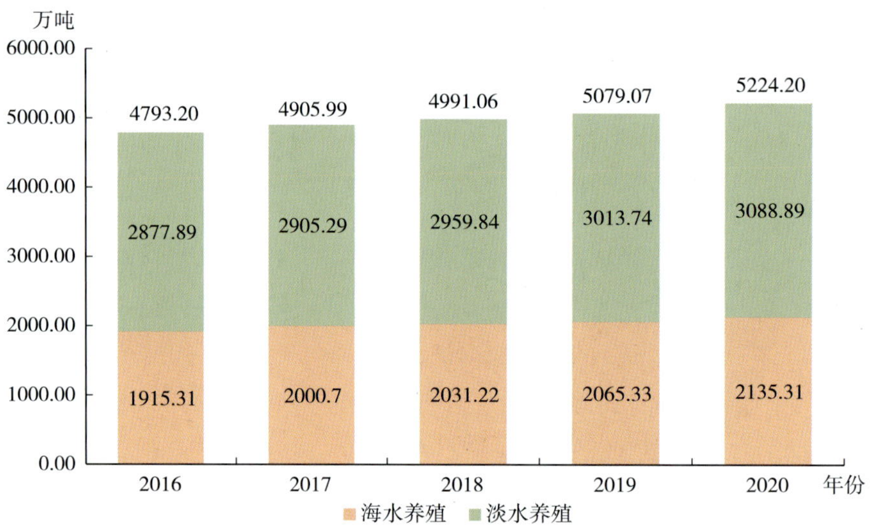

图 7　2016—2020 年全国养殖产品产量及构成

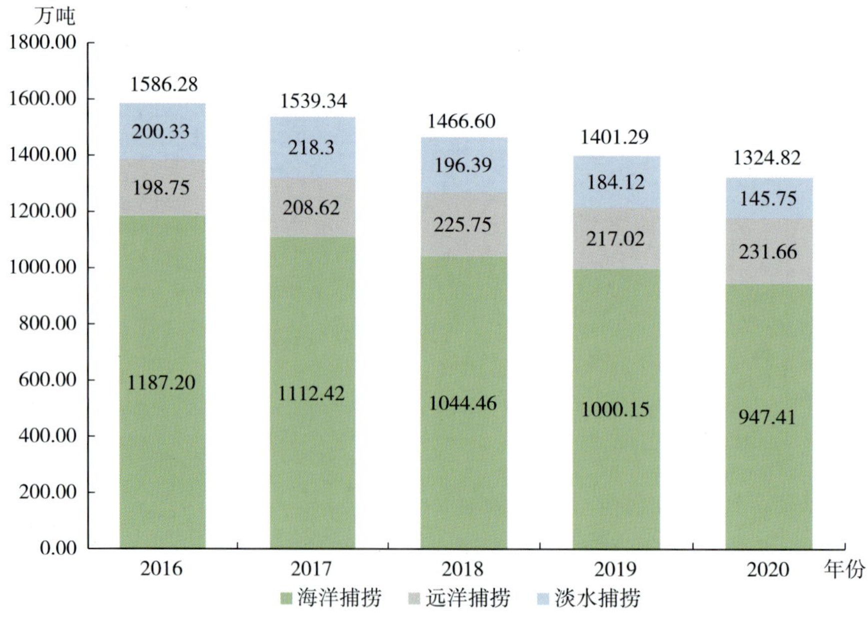

图 8　2016—2020 年全国捕捞产品产量及构成

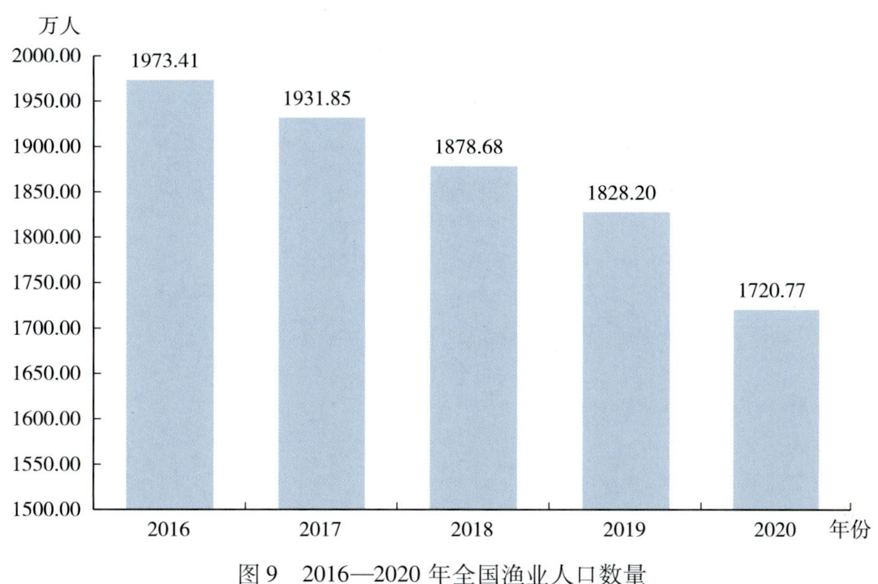

图 9　2016—2020 年全国渔业人口数量

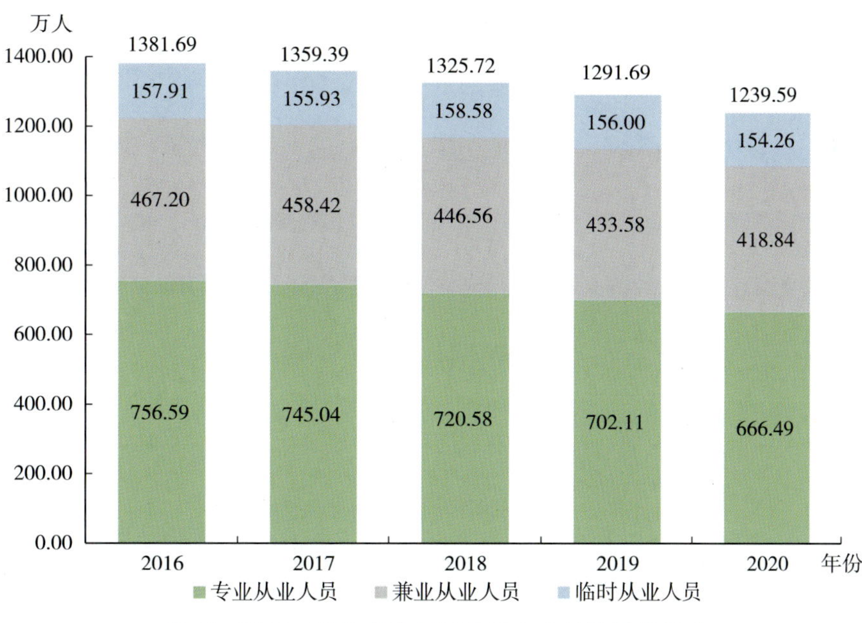

图 10　2016—2020 年全国渔业从业人员数量及构成

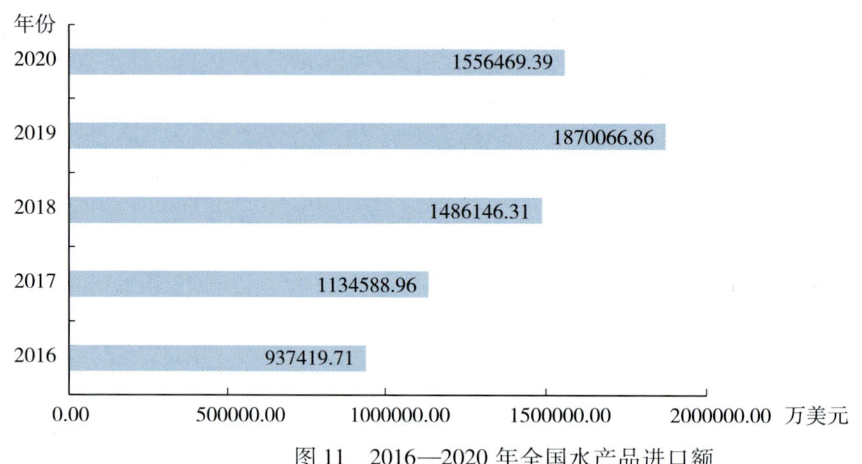

图 11　2016—2020 年全国水产品进口额

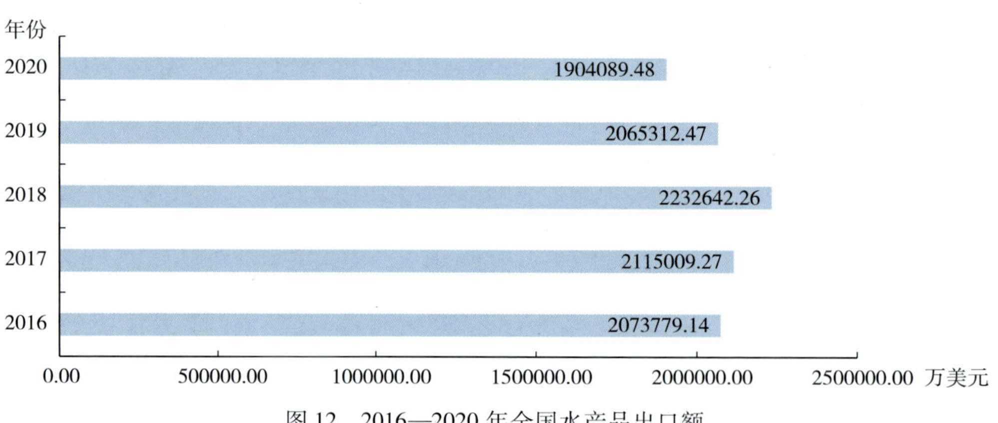

图 12　2016—2020 年全国水产品出口额

目　　录

第一部分

经济核算

1-1　总产值

全国渔业经济总产值
（按当年价格计算）

单位:万元

指　　标	2020 年	2019 年	2020 年比 2019 年增减(±)
渔业经济总产值	**275 434 669. 36**	**264 064 971. 47**	**11 369 697. 89**
1. 渔业	135 172 365. 47	129 344 905. 31	5 827 460. 16
其中:海水养殖	38 361 985. 60	35 752 877. 65	2 609 107. 95
淡水养殖	63 871 516. 20	61 865 997. 32	2 005 518. 88
海洋捕捞	21 971 998. 25	21 160 229. 84	811 768. 41
淡水捕捞	4 039 442. 71	3 980 895. 96	58 546. 75
水产苗种	6 927 422. 71	6 584 904. 54	342 518. 17
2. 渔业工业和建筑业	59 350 774. 44	58 991 718. 57	359 055. 87
其中:水产品加工	43 541 924. 34	44 646 079. 21	-1 104 154. 87
渔用机具制造	3 950 351. 14	3 792 916. 75	157 434. 39
其中:渔船渔机修造	2 414 257. 41	2 337 259. 60	76 997. 81
渔用绳网制造	1 334 170. 74	1 282 381. 00	51 789. 74
渔用饲料	8 335 029. 59	7 378 617. 49	956 412. 10
渔用药物	279 149. 20	211 431. 69	67 717. 51
建筑业	2 272 674. 92	2 087 174. 64	185 500. 28
其他	971 645. 25	875 498. 79	96 146. 46
3. 渔业流通和服务业	80 911 529. 45	75 728 347. 59	5 183 181. 86
其中:水产流通	65 589 018. 81	59 741 538. 89	5 847 479. 92
水产(仓储)运输	4 710 666. 33	4 241 603. 22	469 063. 11
休闲渔业	8 257 151. 15	9 636 785. 82	-1 379 634. 67
其他	2 354 693. 16	2 108 419. 66	246 273. 50

各地区渔业经济总产值、渔业产值
(按当年价格计算)

单位:万元

地区	2020 年		2020 年比 2019 年增减(±)		渔业产值占农业产值比重(%)
	渔业经济总产值	其中:渔业产值	渔业经济总产值	其中:渔业产值	
全国总计	**275 434 669.36**	**135 172 365.47**	**11 369 697.89**	**5 827 460.16**	**9.27**
北京	160 894.71	37 380.70	-89 110.29	-5 963.12	1.55
天津	727 627.90	699 185.00	-40 757.15	-34 820.00	14.29
河北	3 032 790.29	2 574 949.12	238 732.83	298 342.30	3.61
山西	91 189.75	67 437.30	-7 327.81	-3 290.10	0.34
内蒙古	247 640.02	184 623.11	-15 743.37	-1 441.47	0.80
辽宁	13 040 609.00	6 642 164.00	-259 347.00	119 935.00	13.47
吉林	1 565 761.00	496 388.19	110 948.00	78 494.56	1.39
黑龙江	1 550 808.30	1 302 891.00	62 536.50	18 264.30	1.80
上海	528 583.34	477 679.60	-55 317.11	-39 355.30	18.21
江苏	35 971 335.58	18 540 218.00	6 393 567.14	1 961 529.58	22.31
浙江	22 239 757.00	11 336 086.00	-86 547.00	318 979.00	32.33
安徽	9 244 412.66	5 795 012.82	341 474.54	255 090.52	9.55
福建	31 355 975.78	14 226 369.26	-993 623.85	102 387.98	28.02
江西	10 616 202.37	5 142 069.27	103 814.90	-16 533.30	12.39
山东	41 475 879.73	15 655 283.02	244 041.97	914 864.01	14.05
河南	1 967 939.27	1 292 627.00	-79 105.93	-7 270.00	1.18
湖北	27 572 521.00	12 385 151.00	623 512.00	-144 169.00	15.84
湖南	7 396 665.42	5 088 828.29	688 898.01	400 332.39	6.36
广东	38 407 134.84	16 087 886.76	2 167 714.34	1 503 273.92	20.01
广西	10 829 578.75	5 338 720.03	1 580 189.13	-317 565.80	8.60
海南	5 842 641.00	4 258 954.00	-2 522.00	84 525.00	21.46
重庆	1 858 801.00	1 195 169.00	53 494.00	24 286.00	3.90
四川	5 362 828.83	3 177 302.80	321 379.21	256 605.51	3.12
贵州	733 465.62	668 398.36	47 771.27	36 413.35	1.40
云南	1 738 092.96	1 094 735.18	80 248.06	64 530.53	1.76
西藏	2 418.25	2 418.25	102.12	102.12	0.06
陕西	567 823.87	339 259.78	25 811.75	40 992.85	0.74
甘肃	32 501.21	23 251.67	6 763.66	427.91	0.09
青海	77 215.00	61 215.00	-1 235.00	565.00	0.76
宁夏	387 260.76	212 729.78	20 572.57	16 472.66	2.70
新疆	312 683.15	272 351.18	-15 236.60	-2 545.24	0.63
中农发集团	495 631.00	495 631.00	-96 001.00	-96 001.00	

各地区渔业经济总产值
（按当年价格计算）（一）

单位：万元

地　区	总　计	一、渔业产值			
		合　计	海水养殖	淡水养殖	海洋捕捞
全国总计	**275 434 669.36**	**135 172 365.47**	**38 361 985.60**	**63 871 516.20**	**21 971 998.25**
北　京	160 894.71	37 380.70		18 765.70	8 215.00
天　津	727 627.90	699 185.00	35 986.00	540 269.00	96 414.00
河　北	3 032 790.29	2 574 949.12	1 273 713.22	512 700.23	579 489.78
山　西	91 189.75	67 437.30		62 921.50	
内蒙古	247 640.02	184 623.11		155 802.75	
辽　宁	13 040 609.00	6 642 164.00	3 738 451.00	1 108 502.00	1 093 606.00
吉　林	1 565 761.00	496 388.19		419 216.00	
黑龙江	1 550 808.30	1 302 891.00		1 138 752.31	
上　海	528 583.34	477 679.60	1 135.00	223 494.00	236 567.00
江　苏	35 971 335.58	18 540 218.00	3 287 225.00	10 658 092.00	2 236 291.00
浙　江	22 239 757.00	11 336 086.00	2 443 916.00	2 477 011.00	5 855 378.00
安　徽	9 244 412.66	5 795 012.82		4 880 197.13	
福　建	31 355 975.78	14 226 369.26	8 410 529.99	1 803 023.21	3 369 458.81
江　西	10 616 202.37	5 142 069.27		4 466 420.00	
山　东	41 475 879.73	15 655 283.02	9 317 568.91	1 829 520.28	3 551 597.66
河　南	1 967 939.27	1 292 627.00		1 108 080.00	
湖　北	27 572 521.00	12 385 151.00		11 445 997.00	
湖　南	7 396 665.42	5 088 828.29		4 730 330.00	
广　东	38 407 134.84	16 087 886.76	6 480 036.48	7 505 486.07	1 458 754.00
广　西	10 829 578.75	5 338 720.03	2 193 298.00	1 973 701.00	836 252.00
海　南	5 842 641.00	4 258 954.00	1 180 126.00	520 449.00	2 154 344.00
重　庆	1 858 801.00	1 195 169.00		1 035 774.00	
四　川	5 362 828.83	3 177 302.80		2 859 555.41	
贵　州	733 465.62	668 398.36		606 763.88	
云　南	1 738 092.96	1 094 735.18		974 726.67	
西　藏	2 418.25	2 418.25		2 208.00	
陕　西	567 823.87	339 259.78		305 652.56	
甘　肃	32 501.21	23 251.67		22 536.46	
青　海	77 215.00	61 215.00		61 215.00	
宁　夏	387 260.76	212 729.78		179 503.58	
新　疆	312 683.15	272 351.18		244 850.46	
中农发集团	495 631.00	495 631.00			495 631.00

各地区渔业经济总产值

（按当年价格计算）（二）

单位：万元

地　区	一、渔业产值（续）		二、渔业工业和建筑业		
	淡水捕捞	水产苗种	合　计	水产品加工	渔用机具制造
					小　计
全国总计	**4 039 442.71**	**6 927 422.71**	**59 350 774.44**	**43 541 924.34**	**3 950 351.14**
北　京	6 581.50	3 818.50	8 174.00	6 465.00	
天　津	8 231.00	18 285.00	7 749.00	960.00	
河　北	66 321.77	142 724.12	298 123.67	257 793.00	9 752.00
山　西	3 078.50	1 437.30	7 159.86	5 295.00	
内蒙古	19 579.71	9 240.65	11 336.00	11 336.00	
辽　宁	84 010.00	617 595.00	3 108 704.00	2 610 263.00	111 831.00
吉　林	60 600.00	16 572.19	649 949.71	648 835.71	386.00
黑龙江	109 221.69	54 917.00	77 825.00	34 780.00	
上　海	1 682.00	14 801.60	13 873.00	13 873.00	
江　苏	1 558 391.00	800 219.00	5 761 200.99	3 283 541.73	269 995.96
浙　江	345 776.00	214 005.00	5 156 983.00	4 163 231.00	286 300.00
安　徽	487 274.47	427 541.22	1 296 053.82	542 064.78	606 556.37
福　建	148 171.47	495 185.78	11 278 748.77	9 734 065.00	713 142.00
江　西	269 195.00	406 454.27	3 070 411.64	2 229 859.04	27 173.51
山　东	173 314.11	783 282.06	14 066 700.03	10 991 529.89	1 677 011.81
河　南	68 226.00	116 321.00	186 133.00	39 265.00	516.00
湖　北	121 824.00	817 330.00	5 791 000.00	4 181 638.00	14 174.00
湖　南	45 162.00	313 336.29	914 689.08	386 668.22	68 384.82
广　东	175 784.00	467 826.21	4 391 516.08	2 466 313.07	77 786.01
广　西	79 757.00	255 712.03	1 326 281.70	723 982.40	62 791.01
海　南	22 181.00	381 854.00	1 182 921.00	1 103 011.00	22 083.00
重　庆	37 350.00	122 045.00	117 129.00	9 373.00	1 553.00
四　川	15 810.32	301 937.07	317 322.49	17 204.00	214.00
贵　州	20 539.91	41 094.57	14 574.00	14 519.50	
云　南	65 073.33	54 935.18	165 019.80	57 515.58	47.43
西　藏	210.25				
陕　西	11 050.33	22 556.89	53 664.17	3 605.22	180.22
甘　肃	37.00	678.21	12.00		
青　海			16 000.00		
宁　夏	10 627.20	22 599.00	39 054.63		
新　疆	24 382.15	3 118.57	22 465.00	4 937.20	473.00
中农发集团					

各地区渔业经济总产值
（按当年价格计算）（三）

单位：万元

地　　区	二、渔业工业和建筑业（续）					
	渔用机具制造（续）		渔用饲料	渔用药物	建　筑	其　他
	渔船渔机修造	渔用绳网制造				
全国总计	**2 414 257.41**	**1 334 170.74**	**8 335 029.59**	**279 149.20**	**2 272 674.92**	**971 645.25**
北　京			1 549.00	160.00		
天　津			2 981.00		3 808.00	
河　北	8 077.00	1 269.00	28 578.00		1 359.00	641.67
山　西			356.26	1 508.60		
内蒙古						
辽　宁	70 208.00	30 739.00	187 936.00	11 294.00	155 933.00	31 447.00
吉　林	53.00	56.00	703.00	25.00		
黑龙江			41 400.00	635.00	700.00	310.00
上　海						
江　苏	142 157.77	107 658.35	1 808 291.92	115 264.52	180 236.74	103 870.12
浙　江	162 808.00	115 375.00	496 085.00	1 681.00	103 053.00	106 633.00
安　徽	10 370.68	596 185.69	124 948.64	10 304.66	9 791.37	2 388.00
福　建	650 682.00	59 551.00	554 028.00	2 165.00	102 987.77	172 361.00
江　西	19 171.52	8 001.99	542 354.83	15 574.22	215 927.48	39 522.56
山　东	1 194 594.00	331 810.00	219 617.00	19 916.00	689 312.64	469 312.69
河　南	4.00	512.00	141 076.00	2 730.00	1 961.00	585.00
湖　北	1 523.00	11 582.00	1 161 833.00	31 666.00	395 382.00	6 307.00
湖　南	25 984.23	42 400.59	311 195.04	34 272.31	107 326.82	6 841.87
广　东	50 894.23	20 541.00	1 754 248.00	7 874.00	59 854.00	25 441.00
广　西	61 154.61	1 340.40	393 030.41	6 257.25	139 572.30	648.33
海　南	15 600.00	6 451.00	51 760.00	1 771.00	1 938.00	2 358.00
重　庆	260.00	605.00	89 716.00	1 595.00	14 449.00	443.00
四　川	214.00		234 403.05	11 813.00	53 685.44	3.00
贵　州			40.50	14.00		
云　南	23.71	23.72	100 288.96	1 173.02	5 378.33	616.48
西　藏						
陕　西	14.66	59.00	18 967.15	480.22	28 871.03	1 560.33
甘　肃					12.00	
青　海			16 000.00			
宁　夏			39 054.63			
新　疆	463.00	10.00	14 588.20	975.40	1 136.00	355.20
中农发集团						

各地区渔业经济总产值
（按当年价格计算）（四）

单位：万元

地　区	三、渔业流通和服务业				
	合　计	水产流通	水产（仓储）运输	休闲渔业	其　他
全国总计	**80 911 529.45**	**65 589 018.81**	**4 710 666.33**	**8 257 151.15**	**2 354 693.16**
北　京	115 340.01	82 048.00	383.00	32 909.01	
天　津	20 693.90			19 644.00	1 049.90
河　北	159 717.50	42 209.88	16 115.00	74 340.46	27 052.16
山　西	16 592.59	10 585.78	1 102.60	4 886.21	18.00
内蒙古	51 680.91	23 919.71	3 848.28	23 912.92	
辽　宁	3 289 741.00	2 314 119.00	388 369.00	482 328.00	104 925.00
吉　林	419 423.10	152 878.02	6 246.80	258 756.28	1 542.00
黑龙江	170 092.30	114 500.00	6 198.00	47 314.30	2 080.00
上　海	37 030.74	25 651.00		11 379.74	
江　苏	11 669 916.59	10 109 514.29	494 455.52	703 560.45	362 386.33
浙　江	5 746 688.00	4 828 681.00	264 682.00	288 762.00	364 563.00
安　徽	2 153 346.02	1 608 376.66	144 405.71	369 299.65	31 264.00
福　建	5 850 857.75	5 227 926.26	270 191.23	93 172.22	259 568.04
江　西	2 403 721.46	1 980 635.77	112 463.10	269 648.88	40 973.71
山　东	11 753 896.68	7 687 122.08	1 702 748.02	1 763 945.61	600 080.97
河　南	489 179.27	379 471.13	46 071.00	61 456.14	2 181.00
湖　北	9 396 370.00	7 394 871.00	566 723.00	1 153 789.00	280 987.00
湖　南	1 393 148.05	843 644.66	171 060.41	258 878.43	119 564.55
广　东	17 927 732.00	16 584 200.00	66 784.00	1 190 000.00	86 748.00
广　西	4 164 577.02	3 942 903.56	157 266.59	43 827.74	20 579.13
海　南	400 766.00	160 031.00	15 767.00	200 458.00	24 510.00
重　庆	546 503.00	303 850.00	40 237.00	191 792.00	10 624.00
四　川	1 868 203.54	1 190 602.14	184 407.63	485 688.77	7 505.00
贵　州	50 493.26	5 636.00	836.00	43 653.26	368.00
云　南	478 337.98	353 448.76	26 706.23	97 937.95	245.04
西　藏					
陕　西	174 899.92	111 025.96	8 950.12	49 568.75	5 355.09
甘　肃	9 237.54	110.31	75.53	9 049.31	2.39
青　海					
宁　夏	135 476.35	105 897.27	12 727.96	16 330.27	520.85
新　疆	17 866.97	5 159.57	1 845.60	10 861.80	
中农发集团					

1-2　渔民家庭收支

全国渔民人均纯收入

单位:元

地　　区	2020 年	2019 年	2020 年比 2019 年增减(±)	
			绝对量	幅度(%)
全国总计	**21 837.16**	**21 108.29**	**728.87**	**3.45**
北　　京	13 283.61	11 129.67	2 153.94	19.35
天　　津	27 796.90	27 996.42	-199.52	-0.71
河　　北	19 547.25	18 443.26	1 103.99	5.99
山　　西	11 285.95	10 954.96	330.99	3.02
内 蒙 古	14 341.42	13 320.22	1 021.20	7.67
辽　　宁	20 968.19	19 582.95	1 385.24	7.07
吉　　林	16 023.89	15 515.74	508.15	3.28
黑 龙 江	20 578.13	19 724.58	853.55	4.33
上　　海	28 975.14	28 668.72	306.42	1.07
江　　苏	29 803.48	28 745.03	1 058.45	3.68
浙　　江	29 192.30	29 852.62	-660.32	-2.21
安　　徽	19 575.57	17 867.65	1 707.92	9.56
福　　建	24 214.75	23 002.62	1 212.13	5.27
江　　西	17 587.75	16 020.46	1 567.29	9.78
山　　东	24 424.31	23 521.36	902.95	3.84
河　　南	17 723.15	16 127.64	1 595.51	9.89
湖　　北	20 297.37	20 466.69	-169.32	-0.83
湖　　南	18 393.65	16 771.80	1 621.85	9.67
广　　东	22 375.01	21 996.75	378.26	1.72
广　　西	22 747.00	22 595.47	151.53	0.67
海　　南	16 554.60	15 099.11	1 455.49	9.64
重　　庆	19 960.30	19 247.20	713.10	3.70
四　　川	19 926.09	19 515.53	410.56	2.10
贵　　州	10 695.31	12 282.21	-1 586.90	-12.92
云　　南	17 076.98	18 777.18	-1 700.20	-9.05
西　　藏				
陕　　西	15 509.22	15 050.21	459.01	3.05
甘　　肃	9 497.73	9 255.93	241.80	2.61
青　　海	15 958.12	17 071.25	-1 113.13	-6.52
宁　　夏	15 109.89	14 139.30	970.59	6.86
新　　疆	19 020.87	18 469.55	551.32	2.99

各地区渔民家庭收支调查(一)

单位:元/人

地 区	一、家庭总收入	(一)家庭经营收入	其中:经营渔业	(二)工资性收入	其中:渔业	(三)财产性净收入	其 中 1. 红利收入
全国总计	**71 669.28**	**63 728.27**	**59 919.99**	**4 957.09**	**1 632.51**	**426.67**	**107.71**
北 京	50 528.74	43 535.71	41 356.06	4 641.56	305.19	173.16	51.95
天 津	216 506.48	205 698.69	200 951.60	7 688.02	3 183.67	1 007.10	
河 北	139 974.17	133 230.54	131 434.14	2 276.42	1 623.45	214.65	-11.49
山 西	78 329.37	77 714.74	73 653.92	87.69	26.12	50.37	
内 蒙 古	43 425.13	40 959.15	29 910.62	1 204.93	235.11	6.10	
辽 宁	124 443.50	112 320.33	107 876.92	6 832.76	3 812.42	340.88	2.35
吉 林	42 912.90	41 530.88	35 019.91	863.27	35.84	163.67	
黑 龙 江	81 833.85	79 732.12	70 791.25	562.50	29.33	859.04	19.23
上 海	148 574.95	139 312.99	137 922.18	5 538.64	1 666.67	962.24	342.86
江 苏	122 954.81	111 750.98	108 552.24	5 635.42	587.05	1 252.33	118.89
浙 江	102 207.36	84 896.58	80 958.78	11 501.22	4 897.81	779.34	371.55
安 徽	61 343.98	56 036.09	50 946.31	3 376.67	799.40	318.87	19.79
福 建	78 228.40	70 934.12	68 073.42	4 619.61	2 218.86	286.57	183.42
江 西	60 749.10	55 064.85	50 141.07	2 290.21	513.49	242.52	113.61
山 东	95 997.02	88 514.61	84 963.17	3 711.76	1 147.90	721.34	82.92
河 南	42 248.35	36 514.25	32 919.26	4 471.35	370.84	411.36	23.66
湖 北	42 775.68	34 217.49	30 909.48	5 598.45	564.53	218.01	32.90
湖 南	49 572.84	43 920.63	36 972.81	3 529.85	1 080.49	264.48	92.06
广 东	52 703.43	44 058.37	41 739.86	6 561.16	3 101.75	182.54	105.01
广 西	66 061.15	57 983.63	53 639.58	5 506.97	1 637.73	648.44	
海 南	32 603.38	27 609.18	25 106.50	3 177.19	936.49	68.17	
重 庆	87 250.63	81 234.01	76 676.22	4 366.64	770.34	840.06	702.36
四 川	52 179.66	45 751.88	42 393.41	4 358.11	1 095.53	232.75	74.83
贵 州	17 538.29	14 602.93	11 927.54	2 316.56	591.75	21.47	
云 南	76 769.44	73 211.49	68 927.99	2 694.64	1 691.93	343.44	20.30
西 藏							
陕 西	106 977.55	97 186.36	94 517.27	7 653.82	3 229.09	300.00	87.27
甘 肃	29 263.71	27 691.69	20 331.52	1 339.02	802.33	100.64	6.85
青 海	25 223.21	20 149.52	12 629.52	5 032.14	1 702.38		
宁 夏	130 065.54	125 077.98	120 727.33	3 664.17	1 482.08	159.61	
新 疆	154 913.04	152 841.30	150 647.83	1 947.83	1 756.52	15.22	

各地区渔民家庭收支调查(二)

单位:元/人

地　　区	一、家庭总收入(续)						二、家庭经营费用支出
	(三)财产净收入(续) 其中(续) 2. 转让经营权租金收入	(四)转移性收入	1. 生产补贴(惠农补贴)	其中:渔业补贴	2. 社会救济或政策性生活补贴	3. 其他转移性收入	
全国总计	**99.66**	**2 557.25**	**1 153.57**	**1 088.34**	**69.49**	**1 334.19**	**44 198.76**
北　　京	21.65	2 178.30			82.68	2 095.61	31 413.15
天　　津	927.50	2 112.68			396.43	1 716.26	166 160.49
河　　北	151.02	4 252.56	4 042.81	4 042.81		209.76	105 818.12
山　　西	50.37	476.56	235.07	233.21		241.49	63 789.93
内 蒙 古	6.10	1 254.96	408.56	103.66	76.22	770.18	23 701.84
辽　　宁	135.93	4 949.54	3 464.45	3 212.15	192.64	1 292.45	93 471.26
吉　　林	40.32	355.08	148.27			206.81	22 837.26
黑 龙 江	783.56	680.20	299.62	69.58	1.33	379.26	54 645.31
上　　海		2 761.08	1 544.90	1 544.90	10.20	1 205.97	104 689.75
江　　苏	176.26	4 316.07	2 035.08	1 971.19	65.00	2 215.98	79 826.95
浙　　江	81.69	5 030.23	3 437.41	3 435.51	219.21	1 373.61	63 532.56
安　　徽	157.35	1 612.35	367.25	204.57	50.04	1 195.07	35 274.45
福　　建	23.70	2 388.10	1 704.78	1 698.57	45.33	637.98	49 048.17
江　　西	66.73	3 151.52	86.88	17.61	104.30	2 960.33	40 392.23
山　　东	142.93	3 049.32	2 217.02	2 209.87	98.85	733.46	60 094.67
河　　南	31.13	851.39	55.01	17.02	3.67	792.71	23 191.79
湖　　北	48.25	2 741.74	218.97	35.95	62.22	2 460.56	20 541.19
湖　　南	15.04	1 857.89	113.12	19.58	58.75	1 686.01	29 081.70
广　　东	56.17	1 901.36	1 214.59	1 180.75	34.32	652.46	28 187.64
广　　西	334.63	1 922.11	734.98	733.23	67.25	1 119.88	39 002.02
海　　南		1 748.84	1 446.54	1 446.54	23.97	278.33	15 110.78
重　　庆	90.79	809.93	185.51	141.29	56.88	567.54	56 486.35
四　　川	54.08	1 836.92	149.25	70.18	38.40	1 649.27	28 315.64
贵　　州	11.51	597.34	426.76	423.38		170.58	6 530.94
云　　南	185.06	519.87	46.15	28.37	19.47	454.24	53 943.92
西　　藏							
陕　　西		1 837.36	36.36	36.36		1 801.01	77 818.36
甘　　肃		132.37	32.75	0.09	24.27	75.35	14 652.35
青　　海		41.55			29.64	11.90	6 604.76
宁　　夏	159.61	1 163.77	664.36	325.73		499.41	111 970.78
新　　疆		108.70				108.70	130 095.65

各地区渔民家庭收支调查(三)

单位:元/人

地　　区	二、家庭经营费用支出(续)					三、生产性固定资产折旧	其中:渔业固定资产折旧
	其中:经营渔业支出	1. 燃料及冰费用	2. 雇工费用	3. 饲料及苗种费用	4. 其他费用		
全国总计	**42 656.26**	**8 905.77**	**9 369.35**	**22 501.30**	**1 879.84**	**3 281.54**	**3 010.31**
北　　京	31 100.55	3 815.74	1 805.63	25 349.16	130.01	3 815.09	2 930.53
天　　津	163 203.81	10 386.40	9 155.01	142 005.22	1 657.18	2 098.37	2 055.71
河　　北	105 017.55	18 902.69	42 943.00	37 892.86	5 278.99	5 003.26	4 958.20
山　　西	62 784.89	5 787.13	4 831.34	50 771.64	1 394.78	1 827.80	1 708.02
内 蒙 古	19 615.95	2 354.58	1 733.23	14 874.63	653.52	4 906.09	2 275.65
辽　　宁	91 837.95	19 460.09	35 798.85	33 301.56	3 277.46	8 579.61	8 344.88
吉　　林	21 864.64	2 840.42	3 402.59	14 474.27	1 147.37	1 491.32	1 053.49
黑 龙 江	50 239.63	6 235.31	5 252.40	37 096.83	1 655.10	2 230.87	1 576.97
上　　海	104 621.73	10 009.52	15 245.15	75 002.68	4 364.39	4 374.71	4 284.01
江　　苏	77 861.99	14 901.96	20 588.41	39 815.06	2 556.56	5 684.89	5 194.87
浙　　江	62 869.07	18 236.78	16 551.51	23 804.54	4 276.23	6 408.14	5 594.06
安　　徽	33 105.40	1 901.79	3 743.26	25 625.54	1 834.81	1 097.68	973.91
福　　建	47 659.38	12 624.76	9 917.38	22 694.88	2 422.37	4 343.55	4 264.19
江　　西	37 929.65	1 645.36	2 557.03	32 315.68	1 411.57	619.50	534.53
山　　东	58 136.17	16 951.72	21 754.00	16 003.46	3 427.00	9 484.25	8 758.05
河　　南	22 594.77	1 618.27	1 067.90	19 398.69	509.91	569.06	438.11
湖　　北	19 530.55	1 137.66	1 011.77	16 212.75	1 168.37	744.00	482.68
湖　　南	26 355.58	1 762.03	2 031.49	21 267.32	1 294.74	1 101.85	713.59
广　　东	27 188.43	14 284.37	8 290.96	3 929.11	683.99	2 040.63	1 984.33
广　　西	37 516.31	11 230.25	6 587.27	19 085.39	613.39	3 107.38	2 972.78
海　　南	13 938.90	3 359.20	1 042.70	8 995.75	541.25	938.00	922.85
重　　庆	54 167.68	3 847.68	4 165.43	43 954.04	2 200.54	3 463.78	3 173.46
四　　川	27 450.22	1 231.93	1 274.78	23 312.57	1 630.94	1 135.11	992.47
贵　　州	5 946.73	774.87	890.01	4 018.25	263.59	302.27	182.24
云　　南	51 817.87	2 645.35	3 725.05	43 539.17	1 908.30	976.17	828.59
西　　藏							
陕　　西	77 384.91	5 774.91	4 709.09	65 083.82	1 817.09	2 324.36	2 199.03
甘　　肃	13 965.11	2 469.20	1 105.96	9 883.98	505.97	5 071.03	3 756.68
青　　海	6 604.76	405.95	1 226.19	4 972.62		2 588.91	2 041.67
宁　　夏	109 301.86	6 379.45	5 430.70	92 918.42	4 573.29	2 724.28	1 543.78
新　　疆	130 002.17	8 733.04	12 540.00	104 086.96	4 642.17	5 466.09	5 286.38

各地区渔民家庭收支调查(四)

单位:元/人

地　　区	四、税费支出	其中:渔业税费支出	五、转移性支出	六、纯收入	其中:渔业纯收入	七、可支配收入	八、生活消费支出
全国总计	**2 351.82**	**2 193.30**	**1 460.34**	**21 837.16**	**14 780.97**	**20 857.92**	**10 138.53**
北　　京	2 016.88	1 957.14	1 385.50	13 283.61	5 673.03	12 107.77	9 212.77
天　　津	20 450.72	18 078.27	1 246.44	27 796.90	20 797.48	26 824.18	14 510.65
河　　北	9 605.54	9 605.54	783.53	19 547.25	17 519.12	19 932.16	9 736.04
山　　西	1 425.69	1 288.81	961.94	11 285.95	8 131.53	10 401.63	14 481.59
内 蒙 古	475.79	357.13	1 332.07	14 341.42	8 000.65	13 169.96	9 629.65
辽　　宁	1 424.45	1 172.23	3 692.96	20 968.19	13 546.42	17 352.04	14 654.53
吉　　林	2 560.43	2 552.28	460.05	16 023.89	9 585.34	15 761.56	8 530.50
黑 龙 江	4 379.54	4 145.88	501.01	20 578.13	14 927.66	20 776.32	8 765.72
上　　海	10 535.35	10 535.35	932.57	28 975.14	21 692.66	28 331.67	12 318.85
江　　苏	7 639.49	6 320.09	2 780.90	29 803.48	21 733.52	27 634.03	11 594.31
浙　　江	3 074.37	3 025.25	3 086.71	29 192.30	17 803.71	26 387.34	15 567.69
安　　徽	5 396.29	5 232.90	1 409.85	19 575.57	12 638.08	19 228.41	9 500.14
福　　建	621.93	587.89	836.97	24 214.75	19 479.40	23 399.28	11 159.10
江　　西	2 149.62	2 080.23	1 235.08	17 587.75	10 127.75	18 047.46	9 472.36
山　　东	1 993.80	1 963.45	1 601.38	24 424.31	19 463.28	23 647.98	11 701.48
河　　南	764.34	752.84	604.61	17 723.15	9 521.40	17 361.04	6 315.43
湖　　北	1 193.13	1 148.65	1 434.00	20 297.37	10 348.07	19 131.20	8 142.71
湖　　南	995.64	689.84	1 434.84	18 393.65	10 313.87	18 022.39	9 061.30
广　　东	100.15	100.15	1 043.54	22 375.01	16 749.45	21 400.92	8 939.25
广　　西	1 204.75	1 152.38	1 328.54	22 747.00	14 369.07	21 779.66	11 589.05
海　　南			451.76	16 554.60	12 627.78	16 102.85	8 829.99
重　　庆	7 340.20	7 145.92	1 634.29	19 960.30	13 100.78	18 439.60	8 286.70
四　　川	2 802.82	2 792.15	860.47	19 926.09	12 324.28	19 243.36	8 634.91
贵　　州	9.77		272.11	10 695.31	6 813.71	10 480.10	3 689.93
云　　南	4 772.38	4 738.56	1 153.42	17 076.98	13 263.28	16 168.23	7 429.12
西　　藏							
陕　　西	11 325.60	11 216.51	767.13	15 509.22	6 982.28	17 105.81	11 514.09
甘　　肃	42.61	42.61	905.36	9 497.73	3 369.54	9 041.64	5 719.73
青　　海	71.43		1.43	15 958.12	5 685.48	15 956.69	1 705.95
宁　　夏	260.59	260.59	1 348.66	15 109.89	11 428.93	13 942.89	10 576.08
新　　疆	330.43	330.43	1 439.13	19 020.87	16 785.36	18 052.68	15 820.00

第二部分

生　　产

2-1 水产品总产量

全国水产品总产量

单位:吨

指 标	2020 年	2019 年	2020 年比 2019 年增减(±)	
			绝对量	幅度(%)
全国总计	**65 490 169**	**64 803 616**	**686 553**	**1.06**
海水产品	33 143 754	32 824 954	318 800	0.97
淡水产品	32 346 415	31 978 662	367 753	1.15
养殖产量	52 241 988	50 790 728	1 451 260	2.86
海水养殖	21 353 076	20 653 287	699 789	3.39
淡水养殖	30 888 912	30 137 441	751 471	2.49
捕捞产量	13 248 181	14 012 888	-764 707	-5.46
海洋捕捞	9 474 104	10 001 515	-527 411	-5.27
远洋渔业	2 316 574	2 170 152	146 422	6.75
淡水捕捞	1 457 503	1 841 221	-383 718	-20.84
养殖产品中:鱼类	27 613 587	27 086 062	527 525	1.95
甲壳类	6 032 862	5 674 350	358 512	6.32
贝类	14 987 114	14 579 369	407 745	2.80
藻类	2 621 383	2 543 861	77 522	3.05
其他类	987 042	907 086	79 956	8.81
捕捞产品中:鱼类	7 596 664	8 212 746	-616 082	-7.50
甲壳类	1 972 651	2 152 753	-180 102	-8.37
贝类	533 289	616 773	-83 484	-13.54
藻类	21 978	17 445	4 533	25.98
头足类	564 901	569 204	-4 303	-0.76
其他类	242 124	273 815	-31 691	-11.57

各地区水产品产量(一)

单位:吨

地　　区	2020 年							
	总产量	1. 养殖产品小计	a. 海水养殖	b. 淡水养殖	2. 捕捞产品小计	a. 海洋捕捞	b. 远洋渔业	c. 淡水捕捞
全国总计	**65 490 169**	**52 241 988**	**21 353 076**	**30 888 912**	**13 248 181**	**9 474 104**	**2 316 574**	**1 457 503**
北　　京	22 888	14 790		14 790	8 098		5 548	2 550
天　　津	284 769	247 062	9 739	237 323	37 707	26 952	6 093	4 662
河　　北	1 003 418	747 753	488 132	259 621	255 665	171 612	50 469	33 584
山　　西	46 799	45 167		45 167	1 632			1 632
内 蒙 古	117 565	106 607		106 607	10 958			10 958
辽　　宁	4 623 030	3 865 586	3 064 802	800 784	757 444	463 847	249 843	43 754
吉　　林	244 788	225 963		225 963	18 825			18 825
黑 龙 江	674 141	631 727		631 727	42 414			42 414
上　　海	244 103	82 625	257	82 368	161 478	10 840	149 635	1 003
江　　苏	4 901 846	4 215 347	922 756	3 292 591	686 499	417 719	9 421	259 359
浙　　江	5 895 538	2 588 743	1 372 396	1 216 347	3 306 795	2 568 624	568 376	169 795
安　　徽	2 324 054	2 180 103		2 180 103	143 951			143 951
福　　建	8 329 804	6 122 683	5 268 029	854 654	2 207 121	1 528 951	607 935	70 235
江　　西	2 626 904	2 554 738		2 554 738	72 166			72 166
山　　东	8 286 092	6 150 915	5 141 394	1 009 521	2 135 177	1 655 165	384 378	95 634
河　　南	980 594	869 129		869 129	111 465			111 465
湖　　北	4 679 284	4 604 012		4 604 012	75 272			75 272
湖　　南	2 589 158	2 564 638		2 564 638	24 520			24 520
广　　东	8 758 058	7 466 461	3 312 352	4 154 109	1 291 597	1 131 722	61 193	98 682
广　　西	3 458 010	2 867 825	1 506 672	1 361 153	590 185	484 058	18 450	87 677
海　　南	1 646 448	617 476	266 547	350 929	1 028 972	1 014 614		14 358
重　　庆	523 976	518 836		518 836	5 140			5 140
四　　川	1 604 097	1 598 994		1 598 994	5 103			5 103
贵　　州	248 718	241 607		241 607	7 111			7 111
云　　南	643 990	614 542		614 542	29 448			29 448
西　　藏	933	180		180	753			753
陕　　西	168 999	164 220		164 220	4 779			4 779
甘　　肃	14 028	14 028		14 028				
青　　海	18 257	18 257		18 257				
宁　　夏	161 625	152 769		152 769	8 856			8 856
新　　疆	163 022	149 205		149 205	13 817			13 817
中农发集团	205 233				205 233		205 233	

各地区水产品产量(二)

单位:吨

地　区	2019 年							
	总产量	1. 养殖产品小计	a. 海水养殖	b. 淡水养殖	2. 捕捞产品小计	a. 海洋捕捞	b. 远洋渔业	c. 淡水捕捞
全国总计	**64 803 616**	**50 790 728**	**20 653 287**	**30 137 441**	**14 012 888**	**10 001 515**	**2 170 152**	**1 841 221**
北　京	30 190	21 079		21 079	9 111		6 661	2 450
天　津	262 231	222 149	5 155	216 994	40 082	26 952	7 973	5 157
河　北	990 116	707 755	448 802	258 953	282 361	190 932	55 906	35 523
山　西	46 307	44 040		44 040	2 267			2 267
内蒙古	125 956	111 904		111 904	14 052			14 052
辽　宁	4 550 106	3 758 969	2 947 318	811 651	791 137	487 098	264 924	39 115
吉　林	236 626	217 501		217 501	19 125			19 125
黑龙江	648 300	608 300		608 300	40 000			40 000
上　海	280 277	83 555		83 555	196 722	12 592	183 137	993
江　苏	4 841 159	4 094 150	915 258	3 178 892	747 009	445 577	9 370	292 062
浙　江	5 767 227	2 441 611	1 270 357	1 171 254	3 325 616	2 723 652	442 155	159 809
安　徽	2 314 603	2 109 524		2 109 524	205 079			205 079
福　建	8 145 763	5 946 541	5 107 162	839 379	2 199 222	1 611 613	516 508	71 101
江　西	2 588 135	2 420 568		2 420 568	167 567			167 567
山　东	8 232 724	6 052 333	4 970 985	1 081 348	2 180 391	1 677 385	413 716	89 290
河　南	990 858	878 603		878 603	112 255			112 255
湖　北	4 695 432	4 533 682		4 533 682	161 750			161 750
湖　南	2 544 116	2 463 211		2 463 211	80 905			80 905
广　东	8 664 017	7 291 432	3 291 325	4 000 107	1 372 585	1 195 747	67 840	108 998
广　西	3 421 459	2 761 464	1 425 970	1 335 494	659 995	550 819	18 126	91 050
海　南	1 721 571	625 342	270 955	354 387	1 096 229	1 079 148		17 081
重　庆	541 717	524 116		524 116	17 601			17 601
四　川	1 576 856	1 538 002		1 538 002	38 854			38 854
贵　州	243 623	233 024		233 024	10 599			10 599
云　南	636 500	606 137		606 137	30 363			30 363
西　藏	406	96		96	310			310
陕　西	166 208	161 196		161 196	5 012			5 012
甘　肃	14 353	14 353		14 353				
青　海	18 526	18 526		18 526				
宁　夏	157 660	149 533		149 533	8 127			8 127
新　疆	166 758	152 032		152 032	14 726			14 726
中农发集团	183 836				183 836		183 836	

各地区水产品产量(三)

单位:吨

地　区	2020 年比 2019 年增减(±)							
	总产量	1. 养殖产品小计	a. 海水养殖	b. 淡水养殖	2. 捕捞产品小计	a. 海洋捕捞	b. 远洋渔业	c. 淡水捕捞
全国总计	**686 553**	**1 451 260**	**699 789**	**751 471**	**−764 707**	**−527 411**	**146 422**	**−383 718**
北　京	−7 302	−6 289		−6 289	−1 013		−1 113	100
天　津	22 538	24 913	4 584	20 329	−2 375		−1 880	−495
河　北	13 302	39 998	39 330	668	−26 696	−19 320	−5 437	−1 939
山　西	492	1 127		1 127	−635			−635
内蒙古	−8 391	−5 297		−5 297	−3 094			−3 094
辽　宁	72 924	106 617	117 484	−10 867	−33 693	−23 251	−15 081	4 639
吉　林	8 162	8 462		8 462	−300			−300
黑龙江	25 841	23 427		23 427	2 414			2 414
上　海	−36 174	−930	257	−1 187	−35 244	−1 752	−33 502	10
江　苏	60 687	121 197	7 498	113 699	−60 510	−27 858	51	−32 703
浙　江	128 311	147 132	102 039	45 093	−18 821	−155 028	126 221	9 986
安　徽	9 451	70 579		70 579	−61 128			−61 128
福　建	184 041	176 142	160 867	15 275	7 899	−82 662	91 427	−866
江　西	38 769	134 170		134 170	−95 401			−95 401
山　东	53 368	98 582	170 409	−71 827	−45 214	−22 220	−29 338	6 344
河　南	−10 264	−9 474		−9 474	−790			−790
湖　北	−16 148	70 330		70 330	−86 478			−86 478
湖　南	45 042	101 427		101 427	−56 385			−56 385
广　东	94 041	175 029	21 027	154 002	−80 988	−64 025	−6 647	−10 316
广　西	36 551	106 361	80 702	25 659	−69 810	−66 761	324	−3 373
海　南	−75 123	−7 866	−4 408	−3 458	−67 257	−64 534		−2 723
重　庆	−17 741	−5 280		−5 280	−12 461			−12 461
四　川	27 241	60 992		60 992	−33 751			−33 751
贵　州	5 095	8 583		8 583	−3 488			−3 488
云　南	7 490	8 405		8 405	−915			−915
西　藏	527	84		84	443			443
陕　西	2 791	3 024		3 024	−233			−233
甘　肃	−325	−325		−325				
青　海	−269	−269		−269				
宁　夏	3 965	3 236		3 236	729			729
新　疆	−3 736	−2 827		−2 827	−909			−909
中农发集团	21 397				21 397		21 397	

2-2 水产养殖

全国水产养殖产量(按水域和养殖方式分)

单位:吨

指　标		2020年	2019年	2020年比2019年增减(±)	
				绝对量	幅度(%)
全国总计		**52 241 988**	**50 790 728**	**1 451 260**	**2.86**
1. 海水养殖		21 353 076	20 653 287	699 789	3.39
按水域分	海上	12 617 567	11 938 269	679 298	5.69
	滩涂	6 070 744	6 139 640	-68 896	-1.12
	其他	2 664 765	2 575 378	89 387	3.47
养殖方式中	池塘	2 573 803	2 503 495	70 308	2.81
	普通网箱	565 112	550 317	14 795	2.69
	深水网箱	293 120	205 198	87 922	42.85
	筏式	6 295 033	6 174 565	120 468	1.95
	吊笼	1 392 719	1 289 917	102 802	7.97
	底播	5 386 308	5 128 217	258 091	5.03
	工厂化	325 308	275 875	49 433	17.92
2. 淡水养殖		30 888 912	30 137 441	751 471	2.49
按水域分	池塘	22 797 586	22 300 543	497 043	2.23
	湖泊	825 676	862 331	-36 655	-4.25
	水库	2 834 439	2 870 495	-36 056	-1.26
	河沟	502 408	538 309	-35 901	-6.67
	其他	679 694	652 433	27 261	4.18
	稻田养成鱼	3 249 109	2 913 330	335 779	11.53
养殖方式中	围栏	37 004	41 414	-4 410	-10.65
	网箱	320 905	427 302	-106 397	-24.90
	工厂化	302 620	266 405	36 215	13.59

全国海水养殖产量(一)

单位:吨

指　　标	2020 年	2019 年	2020 年比 2019 年增减(±)	
			绝对量	幅度(%)
海水养殖	**21 353 076**	**20 653 287**	**699 789**	**3. 39**
1. 鱼类	1 749 764	1 605 802	143 962	8. 97
其中:鲈鱼	195 246	180 173	15 073	8. 37
鲆鱼	110 984	116 109	-5 125	-4. 41
大黄鱼	254 062	225 549	28 513	12. 64
军曹鱼	33 778	42 224	-8 446	-20. 00
鰤鱼	20 932	29 997	-9 065	-30. 22
鲷鱼	122 449	101 279	21 170	20. 90
美国红鱼	77 408	70 187	7 221	10. 29
河鲀	15 841	17 473	-1 632	-9. 34
石斑鱼	192 045	183 127	8 918	4. 87
鲽鱼	7 477	12 337	-4 860	-39. 39
卵形鲳鲹	101 693	44 869	56 824	126. 64
2. 甲壳类	1 775 001	1 743 826	31 175	1. 79
虾	1 487 501	1 450 183	37 318	2. 57
其中:南美白对虾	1 197 735	1 144 370	53 365	4. 66
斑节对虾	84 529	84 066	463	0. 55
中国对虾	30 979	38 583	-7 604	-19. 71
日本对虾	42 293	50 968	-8 675	-17. 02
蟹	287 500	293 643	-6 143	-2. 09
其中:梭子蟹	100 895	113 810	-12 915	-11. 35
青蟹	159 433	160 616	-1 183	-0. 74

全国海水养殖产量(二)

单位:吨

指 标	2020 年	2019 年	2020 年比 2019 年增减(±)	
			绝对量	幅度(%)
3. 贝类	14 800 800	14 389 727	411 073	2.86
其中:牡蛎	5 424 632	5 225 595	199 037	3.81
鲍	203 485	180 267	23 218	12.88
螺	261 739	241 234	20 505	8.50
蚶	385 108	387 676	-2 568	-0.66
贻贝	886 875	870 652	16 223	1.86
江珧	12 601	13 457	-856	-6.36
扇贝	1 746 238	1 828 107	-81 869	-4.48
蛤	4 217 649	3 967 387	250 262	6.31
蛏	860 265	869 251	-8 986	-1.03
4. 藻类	2 615 136	2 538 396	76 740	3.02
其中:海带	1 651 573	1 624 018	27 555	1.70
裙带菜	225 604	202 393	23 211	11.47
紫菜	222 018	212 304	9 714	4.58
江蓠	368 967	348 085	20 882	6.00
麒麟菜	3 856	420	3 436	818.10
石花菜				
羊栖菜	26 533	27 032	-499	-1.85
苔菜	20			
5. 其他类	412 375	375 536	36 839	9.81
其中:海参	196 564	171 700	24 864	14.48
海胆(千克)	7 952 530	8 242 633	-290 103	-3.52
海水珍珠(千克)	2 121	2 784	-663	-23.81
海蜇	90 414	89 576	838	0.94

全国淡水养殖产量

单位:吨

指　　标	2020 年	2019 年	2020 年比 2019 年增减(±)	
			绝对量	幅度(%)
淡水养殖产量	**30 888 912**	**30 137 441**	**751 471**	**2.49**
1. 鱼类	25 863 823	25 480 260	383 563	1.51
2. 甲壳类	4 257 861	3 930 524	327 337	8.33
虾	3 481 974	3 151 842	330 132	10.47
其中:罗氏沼虾	161 888	139 609	22 279	15.96
青虾	228 765	225 321	3 444	1.53
克氏原螯虾	2 393 699	2 089 604	304 095	14.55
南美白对虾	665 202	671 180	-5 978	-0.89
蟹(河蟹)	775 887	778 682	-2 795	-0.36
3. 贝类	186 314	189 642	-3 328	-1.75
其中:河蚌	55 308	57 658	-2 350	-4.08
螺	90 640	92 893	-2 253	-2.43
蚬	16 776	18 185	-1 409	-7.75
4. 藻类(螺旋藻)	6 247	5 465	782	14.31
5. 其他类	574 667	531 550	43 117	8.11
其中:龟	47 323	45 750	1 573	3.44
鳖	332 616	325 497	7 119	2.19
蛙	137 999	107 352	30 647	28.55
珍珠(千克)	454 367	609 353	-154 986	-25.43
6. 观赏鱼(万尾)	444 015	392 507	51 507	13.12

全国淡水养殖主要鱼类产量

单位:吨

指　标	2020 年	2019 年	2020 年比 2019 年增减(±)	
			绝对量	幅度(%)
青鱼	694 532	679 582	14 950	2.20
草鱼	5 571 083	5 533 083	38 000	0.69
鲢鱼	3 812 899	3 810 286	2 613	0.07
鳙鱼	3 130 301	3 101 637	28 664	0.92
鲤鱼	2 896 669	2 885 284	11 385	0.39
鲫鱼	2 748 519	2 755 632	-7 113	-0.26
鳊鲂	781 737	762 858	18 879	2.47
泥鳅	367 428	356 881	10 547	2.96
鲶鱼	346 852	355 310	-8 458	-2.38
鮰鱼	308 488	297 732	10 756	3.61
黄颡鱼	565 477	536 964	28 513	5.31
鲑鱼	1 615	1 955	-340	-17.39
鳟鱼	37 841	39 373	-1 532	-3.89
河鲀	10 916	9 911	1 005	10.14
短盖巨脂鲤	59 449	68 651	-9 202	-13.40
长吻鮠	21 195	22 063	-868	-3.93
黄鳝	307 233	313 790	-6 557	-2.09
鳜鱼	376 986	337 082	39 904	11.84
池沼公鱼	9 485	10 730	-1 245	-11.60
银鱼	11 928	13 541	-1 613	-11.91
鲈鱼	619 519	477 808	141 711	29.66
乌鳢	501 095	461 993	39 102	8.46
罗非鱼	1 655 410	1 641 662	13 748	0.84
鲟鱼	104 280	102 042	2 238	2.19
鳗鲡	250 740	234 223	16 517	7.05

各地区海水养殖产量(按品种分)(一)

单位:吨

地区	海水养殖产量	1. 鱼类	其中					
			鲈鱼	鲆鱼	大黄鱼	军曹鱼	鰤鱼	鲷鱼
全国总计	**21 353 076**	**1 749 764**	**195 246**	**110 984**	**254 062**	**33 778**	**20 932**	**122 449**
天　　津	9 739	1 006		75				
河　　北	488 132	14 069		6 703				
辽　　宁	3 064 802	69 498	8 083	51 961				5
上　　海	257							
江　　苏	922 756	72 047	333	5 426	4			
浙　　江	1 372 396	70 439	11 893	116	32 422		66	5 013
福　　建	5 268 029	464 961	38 681	4 849	204 576	100	3 960	42 557
山　　东	5 141 394	95 507	15 781	40 334	182			93
广　　东	3 312 352	742 823	108 818	1 520	16 878	25 633	16 847	69 095
广　　西	1 506 672	97 464	9 785			36		4 415
海　　南	266 547	121 950	1 872			8 009	59	1 271

各地区海水养殖产量(按品种分)(二)

单位:吨

地区	1. 鱼类(续)					2. 甲壳类	(1)虾	其中	
	其中(续)								
	美国红鱼	河鲀	石斑鱼	鲽鱼	卵形鲳鲹			南美白对虾	斑节对虾
全国总计	**77 408**	**15 841**	**192 045**	**7 477**	**101 693**	**1 775 001**	**1 487 501**	**1 197 735**	**84 529**
天　　津		1	70			8 733	8 733	8 733	
河　　北		2 152	784	2 499		30 202	28 676	18 594	56
辽　　宁		1 815				29 741	27 731	12 019	
上　　海						257	257	134	123
江　　苏		195		1 056		106 867	79 499	19 185	7 393
浙　　江	8 517		418	48	18	105 933	62 011	36 756	721
福　　建	15 756	10 198	35 193	2		217 134	139 421	115 642	5 816
山　　东	1 405	1 130	350	3 706		176 604	160 147	114 906	1 227
广　　东	42 629	350	89 361	166	42 608	629 598	542 379	448 474	63 695
广　　西	6 294		3 290		59 067	351 150	332 760	331 358	975
海　　南	2 807		62 579			118 782	105 887	91 934	4 523

各地区海水养殖产量(按品种分)(三)

单位:吨

地 区	2. 甲壳类(续)					3.贝类
	(1)虾(续)		(2)蟹	其 中		
	其中(续)					
	中国对虾	日本对虾		梭子蟹	青蟹	
全国总计	**30 979**	**42 293**	**287 500**	**100 895**	**159 433**	**14 800 800**
天 津						
河 北	5 122	4 721	1 526	1 524		385 046
辽 宁	11 571	2 074	2 010	1 010		2 333 252
上 海						
江 苏	3 259	575	27 368	24 008	1 987	688 597
浙 江	390	1 420	43 922	17 099	26 090	1 071 557
福 建	5 279	7 585	77 713	32 349	37 497	3 308 910
山 东	4 873	17 161	16 457	13 299	555	4 077 303
广 东	485	8 706	87 219	11 564	62 390	1 862 058
广 西		51	18 390		18 390	1 053 056
海 南			12 895	42	12 524	21 021

各地区海水养殖产量(按品种分)(四)

单位:吨

地 区	3. 贝类(续)								
	其中(续)								
	牡蛎	鲍	螺	蚶	贻贝	江珧	扇贝	蛤	蛏
全国总计	**5 424 632**	**203 485**	**261 739**	**385 108**	**886 875**	**12 601**	**1 746 238**	**4 217 649**	**860 265**
天 津									
河 北	2 400		5 533	9 129			319 152	48 430	150
辽 宁	311 680	2 600		69 832	27 932		341 790	1 352 967	38 357
上 海									
江 苏	37 782		74 117	31 488	42 611			388 847	56 035
浙 江	244 141	387	17 103	147 413	231 627		639	93 961	315 454
福 建	2 068 647	155 009	7 380	63 473	112 259		10 017	467 837	305 755
山 东	971 462	34 021	16 111	7 677	384 450	392	959 024	1 313 900	140 176
广 东	1 125 194	11 468	76 271	51 582	74 210	12 209	111 547	269 089	2 700
广 西	662 086		52 722	3 995	13 786		2 844	279 920	1 638
海 南	1 240		12 502	519			1 225	2 698	

各地区海水养殖产量(按品种分)(五)

单位:吨

地　　区	4. 藻类	其　　中					
		海带	裙带菜	紫菜	江蓠	麒麟菜	石花菜
全国总计	**2 615 136**	**1 651 573**	**225 604**	**222 018**	**368 967**	**3 856**	
天　　津							
河　　北	600	600					
辽　　宁	470 947	289 753	178 794				
上　　海							
江　　苏	47 024			46 924			
浙　　江	119 015	20 965		74 948			
福　　建	1 235 977	827 883		72 858	277 852		
山　　东	669 168	509 156	45 950	12 476	45 210		
广　　东	67 695	3 216	860	14 812	45 138		
广　　西							
海　　南	4 710				767	3 856	

各地区海水养殖产量(按品种分)(六)

单位:吨

地　　区	4. 藻类(续)		5. 其他	其　　中			
	其中(续)						
	羊栖菜	苔菜		海参	海胆(千克)	海水珍珠(千克)	海蜇
全国总计	**26 533**	**20**	**412 375**	**196 564**	**7 952 530**	**2 121**	**90 414**
天　　津							
河　　北			58 215	12 976			6 939
辽　　宁			161 364	56 380	2 362 330		75 953
上　　海							
江　　苏			8 221	75			3 832
浙　　江	19 919	20	5 452	98			832
福　　建	6 614		41 047	28 077			2 467
山　　东			122 812	98 893	5 473 000		240
广　　东			10 178	41	117 200	1 436	151
广　　西			5 002			685	
海　　南			84	24			

各地区海水养殖产量(按水域和养殖方式分)(一)

单位:吨

地 区	海水养殖产量	按养殖水域分			养殖方式中
		1. 海上	2. 滩涂	3. 其他	1. 池塘
全国总计	**21 353 076**	**12 617 567**	**6 070 744**	**2 664 765**	**2 573 803**
天 津	9 739			9 739	6 193
河 北	488 132	337 945	52 906	97 281	84 020
辽 宁	3 064 802	2 251 263	615 150	198 389	189 478
上 海	257		257		
江 苏	922 756	228 878	520 629	173 249	267 564
浙 江	1 372 396	630 569	426 121	315 706	312 742
福 建	5 268 029	3 592 512	1 212 713	462 804	303 507
山 东	5 141 394	3 635 870	1 246 849	258 675	220 464
广 东	3 312 352	1 237 484	1 301 526	773 342	722 227
广 西	1 506 672	631 601	586 150	288 921	284 659
海 南	266 547	71 445	108 443	86 659	182 949

各地区海水养殖产量(按水域和养殖方式分)(二)

单位:吨

地 区	养殖方式中(续)					
	2. 普通网箱	3. 深水网箱	4. 筏式	5. 吊笼	6. 底播	7. 工厂化
全国总计	**565 112**	**293 120**	**6 295 033**	**1 392 719**	**5 386 308**	**325 308**
天 津						3 546
河 北			322 302		34 592	17 085
辽 宁	1 323	2 202	994 927	112 427	1 536 905	49 495
上 海						
江 苏			112 293	311	434 650	20 090
浙 江	29 073	26 265	527 189	1 850	291 578	9 526
福 建	283 867	103 834	1 620 786	136 392	426 982	42 576
山 东	82 750	27 534	1 891 829	1 057 633	1 711 866	157 812
广 东	121 545	37 891	443 438	79 983	611 744	12 070
广 西	34 449	45 703	382 269	3 903	328 775	569
海 南	12 105	49 691		220	9 216	12 539

各地区淡水养殖产量(按品种分)(一)

单位:吨

地区	淡水养殖产量	1. 鱼类	其中				
			青鱼	草鱼	鲢鱼	鳙鱼	鲤鱼
全国总计	**30 888 912**	**25 863 823**	**694 532**	**5 571 083**	**3 812 899**	**3 130 301**	**2 896 669**
北　京	14 790	14 789	418	5 312	1 130	529	4 517
天　津	237 323	198 678		33 554	19 933	8 742	85 002
河　北	259 621	231 278	77	34 011	33 074	15 973	101 334
山　西	45 167	44 765	344	14 500	8 554	4 283	10 517
内蒙古	106 607	103 253		14 955	18 178	14 093	39 718
辽　宁	800 784	717 317	500	105 035	83 338	48 433	316 910
吉　林	225 963	219 389	2 130	21 433	53 872	42 189	54 180
黑龙江	631 727	614 985	47	61 741	127 015	54 435	225 533
上　海	82 368	57 322	5 338	22 199	6 983	5 794	369
江　苏	3 292 591	2 348 064	96 873	405 099	423 136	243 915	148 822
浙　江	1 216 347	919 728	59 629	95 727	138 824	99 658	34 357
安　徽	2 180 103	1 518 753	79 856	272 581	267 335	272 605	95 034
福　建	854 654	720 868	12 051	171 353	75 322	63 575	56 731
江　西	2 554 738	2 197 028	56 956	572 610	279 749	398 288	143 784
山　东	1 009 521	868 282	5 131	198 371	157 464	96 198	209 885
河　南	869 129	791 255	12 531	139 748	185 425	135 213	204 680
湖　北	4 604 012	3 375 140	195 046	871 446	570 970	443 696	118 209
湖　南	2 564 638	2 109 722	87 957	630 692	337 195	299 177	172 848
广　东	4 154 109	3 794 906	50 720	899 317	209 150	350 363	107 520
广　西	1 361 153	1 315 650	14 583	328 394	226 259	174 842	153 593
海　南	350 929	343 970	882	3 684	4 571	8 068	2 249
重　庆	518 836	502 491	2 178	111 811	102 491	51 038	41 988
四　川	1 598 994	1 533 687	2 192	286 302	319 003	180 033	192 256
贵　州	241 607	234 673	2 006	42 118	27 845	33 114	85 984
云　南	614 542	606 221	5 872	90 115	62 460	49 481	142 433
西　藏	180	180					
陕　西	164 220	152 823	311	38 466	31 460	19 501	46 254
甘　肃	14 028	13 759	904	4 262	1 234	355	3 240
青　海	18 257	18 035		35	6		60
宁　夏	152 769	151 357		44 924	15 253	8 174	62 284
新　疆	149 205	145 455		51 288	25 670	8 536	36 378

各地区淡水养殖产量(按品种分)(二)

单位:吨

地区	1. 鱼类(续)						
	其中(续)						
	鲫鱼	鳊鲂	泥鳅	鲇鱼	鮰鱼	黄颡鱼	鲑鱼
全国总计	**2 748 519**	**781 737**	**367 428**	**346 852**	**308 488**	**565 477**	**1 615**
北京	638	561	31	2	516	2	
天津	38 969	391	2 249	541	1 488	700	
河北	20 506	209	3 468	188	227	1 554	11
山西	1 101	20	30	4	469	171	
内蒙古	12 423	450	643	1 173	1	75	
辽宁	62 130	1 072	5 410	39 094	94	1 516	161
吉林	27 926	1 856	3 164	3 383	2	2 410	222
黑龙江	110 802	215	5 609	5 218	19	1 337	
上海	9 225	1 140	214		536	1 371	
江苏	604 898	166 866	42 570	4 725	403	24 634	
浙江	102 036	30 917	27 529	1 183	1 981	129 652	70
安徽	192 082	93 759	38 775	17 003	9 426	36 388	
福建	38 860	4 269	3 121	9 407	3 438	5 259	
江西	231 645	68 854	86 365	33 555	8 427	58 062	50
山东	89 714	2 961	6 051	19 925	3 298	2 150	
河南	47 160	10 191	4 949	7 147	30 884	1 748	
湖北	353 832	243 168	39 891	18 316	56 661	136 949	
湖南	209 806	88 972	18 817	26 371	20 797	34 889	30
广东	168 272	24 773	22 000	31 960	42 071	72 574	85
广西	34 123	1 696	2 929	29 517	12 971	6 602	1
海南	520	200	106	1 255	50		
重庆	111 002	5 546	15 500	7 805	8 388	10 344	93
四川	202 571	31 531	33 059	76 060	89 100	33 709	423
贵州	9 973	268	1 869	2 828	3 043	993	8
云南	39 298	384	1 885	8 867	3 529	1 863	13
西藏							153
陕西	4 775	340	823	388	3 195	318	3
甘肃	842	77	3	19	36		278
青海	22						
宁夏	12 213	9	305	831	5 985	92	
新疆	11 155	1 042	63	87	1 453	115	14

各地区淡水养殖产量(按品种分)(三)

单位:吨

地　　区	1. 鱼类(续)						
	其中(续)						
	鳟鱼	河鲀	短盖巨脂鲤	长吻鮠	黄鳝	鳜鱼	池沼公鱼
全国总计	**37 841**	**10 916**	**59 449**	**21 195**	**307 233**	**376 986**	**9 485**
北　　京	146						
天　　津						4	
河　　北	1 385		5		9	8	934
山　　西	1 343					2	25
内 蒙 古						18	762
辽　　宁	3 288	1				160	815
吉　　林	338					335	3 584
黑 龙 江	448					777	130
上　　海						71	
江　　苏		3 320	236	16	4 601	30 218	
浙　　江	60		5 296	1 128	512	13 134	2
安　　徽		9	1 360	16	35 188	43 753	
福　　建	14	270	2 030	138	492	1 163	
江　　西	131		6 301	631	82 686	41 352	
山　　东	101				1 297	1 230	
河　　南	223		86		2 452	270	2
湖　　北				1 533	133 585	74 776	
湖　　南	674		2	89	30 340	22 685	
广　　东	59	7 316	27 367	2 781	2 431	143 278	78
广　　西	156		15 795	318	1 233	174	
海　　南			491	125			
重　　庆	1 555		72	2 859	789	686	
四　　川	1 516		10	10 577	10 883	2 359	
贵　　州	184			583	277	47	
云　　南	5 496		398	377	408	89	2
西　　藏	27						
陕　　西	1 085			24	50	102	
甘　　肃	1 790						4
青　　海	14 745						3 147
宁　　夏	20						
新　　疆	3 057					295	

各地区淡水养殖产量(按品种分)(四)

单位:吨

地区	1. 鱼类(续)						2. 甲壳类
	其中(续)						
	银鱼	鲈鱼	乌鳢	罗非鱼	鲟鱼	鳗鲡	
全国总计	**11 928**	**619 519**	**501 095**	**1 655 410**	**104 280**	**250 740**	**4 257 861**
北 京		548	5	264	170		
天 津		10		2 465			38 471
河 北	40	830	56	6 909	6 907		25 917
山 西	72	1 073	320	972	762		182
内 蒙 古	60	27	496	29			914
辽 宁	946	20	1 937	753	2 063		79 499
吉 林	877	47	1 407	2	27		3 593
黑 龙 江	1 891	8	439				14 884
上 海		1 352		17			24 639
江 苏	62	40 074	24 187	2 297	1 015	8 237	890 939
浙 江	37	85 574	41 207	2 091	5 956	1 674	157 818
安 徽	2 274	9 898	32 102	3 032	290	144	561 290
福 建		11 623	2 921	119 522	3 625	107 422	95 034
江 西	1 566	18 749	42 031	4 523	3 985	18 537	236 074
山 东	1 092	3 761	38 666	8 105	9 348		132 352
河 南	122	4 804	1 234	807	1 363		69 343
湖 北	1 525	21 317	27 212	3 297	6 454	1 371	1 150 215
湖 南	240	21 410	36 788	1 256	7 369		384 576
广 东	130	361 220	229 690	740 141	1 169	110 470	303 457
广 西	208	2 981	917	259 965	1 031	1 010	7 035
海 南				317 653		1 069	2 960
重 庆		4 635	8 527	5 889	3 028		10 749
四 川	157	22 053	10 052	2 755	6 301	800	51 885
贵 州	80	2 904	174	463	19 096		4 338
云 南	444	1 682	593	170 245	19 142	6	3 676
西 藏							
陕 西	55	796	78	1 025	3 774		2 477
甘 肃		1	1		627		254
青 海							222
宁 夏		567	18	23	178		1 343
新 疆	50	1 555	37	910	600		3 725

各地区淡水养殖产量(按品种分)(五)

单位:吨

地区	2. 甲壳类(续)						3.贝类	其中
	(1)虾	其中				(2)蟹(河蟹)		
		罗氏沼虾	青虾	克氏原螯虾	南美白对虾			河蚌
全国总计	**3 481 974**	**161 888**	**228 765**	**2 393 699**	**665 202**	**775 887**	**186 314**	**55 308**
北京								
天津	35 800		31		35 769	2 671		
河北	22 616		21	12	22 377	3 301		
山西	107		11	44	47	75		
内蒙古	445		126		314	469		
辽宁	16 879				15 879	62 620	2	
吉林	204		140			3 389	3	3
黑龙江	750			166	40	14 134		
上海	18 303	1 016	60	270	16 957	6 336		
江苏	531 818	55 942	107 420	246 165	119 185	359 121	26 552	5 948
浙江	147 633	26 223	26 588	22 264	71 104	10 185	8 616	2 857
安徽	461 520	1 861	48 134	409 247	2 278	99 770	48 421	25 295
福建	93 890	1 672	1 420	2 865	86 636	1 144	29 274	3 227
江西	216 956	907	24 731	189 977	1 341	19 118	36 786	9 361
山东	111 537	45	1 003	51 687	57 653	20 815	399	62
河南	67 456	548	4 269	61 130	1 509	1 887	597	336
湖北	999 352	833	8 897	982 010	7 612	150 863	4 365	2 413
湖南	377 921	897	2 984	359 491	7 309	6 655	13 629	4 430
广东	297 571	69 216	1 702	398	214 183	5 886	5 692	364
广西	6 599	1 076	613	4 155	39	436	8 060	371
海南	2 930	743	59	49	1 465	30		
重庆	9 910	165	62	9 218	412	839	64	4
四川	50 428	263	176	48 868	778	1 457	1 915	404
贵州	3 992	70	28	1 743	195	346	1 072	178
云南	3 254	403	232	2 587	32	422	842	55
西藏								
陕西	2 047		2	1 330	130	430		
甘肃	28	1			16	226		
青海						222		
宁夏	227			10	217	1 116		
新疆	1 801	7	56	13	1 725	1 924	25	

各地区淡水养殖产量(按品种分)(六)

单位:吨

地 区	3. 贝类(续)		4. 藻类(螺旋藻)	5. 其他类	其 中				6. 观赏鱼(万尾)
	其中(续)								
	螺	蚬			龟	鳖	蛙	珍珠(千克)	
全国总计	**90 640**	**16 776**	**6 247**	**574 667**	**47 323**	**332 616**	**137 999**	**454 367**	**444 015**
北 京				1		1			40 246
天 津				174					4 293
河 北				2 426		2 411			4 602
山 西				220		214	3		449
内 蒙 古			2 440						20
辽 宁				3 966			3 966		60 649
吉 林				2 978			2 978		33 728
黑 龙 江				1 858			1 827		
上 海				407	77	330			10 867
江 苏	17 364	3 198	1 250	25 786	1 461	19 696	3 256	54 004	86 580
浙 江	4 392	117	452	129 733	8 710	102 104	6 294	541	8 398
安 徽	21 859	1 267		51 639	5 435	39 751	5 455	171 790	13 210
福 建	3 405	7 749	64	9 414	265	4 815	2 323		3 000
江 西	22 163	3 566	1 291	83 559	8 033	30 241	43 459	210 000	3 406
山 东	198	3		8 488		6 609	25		80 686
河 南	219	42		7 934	41	7 417	431		22 638
湖 北	1 627	325		74 292	8 970	47 620	17 702		755
湖 南	5 780	148		56 711	3 352	27 479	21 762	17 959	1 612
广 东	3 056	216		50 054	8 784	19 859	3 318	43	33 254
广 西	7 301	144		30 408	2 048	19 280	6 051		17
海 南			133	3 866	19	418	2 417		687
重 庆	60			5 532	14	1 402	4 115	30	15 245
四 川	1 511			11 507	93	2 165	8 358		5 213
贵 州	893	1		1 524	16	87	1 095		90
云 南	787		617	3 186	4	84	3 065		7 660
西 藏									
陕 西				8 920		550	99		5 900
甘 肃				15	1	14			
青 海									
宁 夏				69		69			738
新 疆	25								72

各地区淡水养殖产量(按水域和养殖方式分)(一)

单位:吨

地　区	淡水养殖产量	按水域分			
		1. 池塘	2. 湖泊	3. 水库	4. 河沟
全国总计	**30 888 912**	**22 797 586**	**825 676**	**2 834 439**	**502 408**
北　京	14 790	14 492			
天　津	237 323	232 942		1 000	69
河　北	259 621	228 699	2 352	22 079	1 420
山　西	45 167	31 999	294	12 859	
内蒙古	106 607	61 685	17 901	24 686	2 085
辽　宁	800 784	609 404	92	97 601	2 954
吉　林	225 963	93 304	35 015	84 425	3 748
黑龙江	631 727	443 810	69 054	72 687	20 914
上　海	82 368	79 944	859		1 353
江　苏	3 292 591	2 599 934	73 472	28 807	105 350
浙　江	1 216 347	907 503	5 905	76 346	32 116
安　徽	2 180 103	1 265 967	243 085	126 501	83 400
福　建	854 654	532 435	4 478	165 832	40 563
江　西	2 554 738	1 645 002	258 875	365 745	39 861
山　东	1 009 521	789 721	3 481	134 329	
河　南	869 129	719 309	3 374	81 019	10 492
湖　北	4 604 012	3 739 213			
湖　南	2 564 638	1 792 370	57 529	207 494	11 440
广　东	4 154 109	3 810 942	8 564	244 099	10 719
广　西	1 361 153	755 040		454 569	63 994
海　南	350 929	289 350	1 595	55 620	28
重　庆	518 836	464 480		41 696	1 500
四　川	1 598 994	884 889	1 077	207 395	61 798
贵　州	241 607	97 232	225	55 913	2 942
云　南	614 542	370 933	1 703	184 840	1 068
西　藏	180	180			
陕　西	164 220	91 608	4 415	43 232	3 025
甘　肃	14 028	9 737	94	2 842	11
青　海	18 257	122	222	17 913	
宁　夏	152 769	117 144	31 315	961	256
新　疆	149 205	118 196	700	23 949	1 302

各地区淡水养殖产量(按水域和养殖方式分)(二)

单位:吨

地 区	按水域分(续)		养殖方式中		
	5. 其他	6. 稻田	1. 围栏	2. 网箱	3. 工厂化
全国总计	**679 694**	**3 249 109**	**37 004**	**320 905**	**302 620**
北 京	298				195
天 津	725	2 587			
河 北	3 473	1 598		110	2 107
山 西	5	10		211	102
内蒙古		250			194
辽 宁	34 996	55 737	782	46 760	72
吉 林	343	9 128	1 253	3 369	270
黑龙江	7 757	17 505		1 193	50
上 海		212			60
江 苏	142 206	342 822	11 425	2 869	17 575
浙 江	32 969	161 508	2 080	7 421	20 636
安 徽	21 190	439 960	6 066	15 526	15 645
福 建	94 522	16 824	1 214	20 102	88 522
江 西	37 481	207 774		5 235	17 817
山 东	73 148	8 842	2 079	944	65 685
河 南	3 495	51 440		1 371	2 124
湖 北		864 799			12 826
湖 南	38 993	456 812		14 555	27 472
广 东	77 585	2 200	4	839	4 587
广 西	50 303	37 247	9 074	108 772	2 300
海 南	4 308	28		680	
重 庆	750	10 410			348
四 川	12 356	431 479			1 685
贵 州	12 689	72 606	505		3 064
云 南	2 059	53 939	70	68 403	17 743
西 藏					
陕 西	21 700	240	2 452	4 855	598
甘 肃	1 343	1		235	130
青 海				14 745	
宁 夏		3 093			
新 疆	5 000	58		2 710	813

2-3 国内捕捞

全国海洋捕捞产量

单位:吨

指　　标	2020 年	2019 年	2020 年比 2019 年增减(±)	
			绝对量	幅度(%)
海洋捕捞产量	**9 474 104**	**10 001 515**	**-527 411**	**-5.27**
1. 鱼类	6 487 763	6 828 817	-341 054	-4.99
2. 甲壳类	1 810 820	1 917 943	-107 123	-5.59
虾	1 206 347	1 270 481	-64 134	-5.05
其中:毛虾	367 354	389 217	-21 863	-5.62
对虾	192 860	215 435	-22 575	-10.48
鹰爪虾	231 671	240 249	-8 578	-3.57
虾蛄	206 010	221 355	-15 345	-6.93
蟹	604 473	647 462	-42 989	-6.64
其中:梭子蟹	424 630	458 380	-33 750	-7.36
青蟹	71 196	79 153	-7 957	-10.05
蟳	22 444	24 259	-1 815	-7.48
3. 贝类	361 928	411 943	-50 015	-12.14
4. 藻类	21 739	17 438	4 301	24.66
5. 头足类	564 901	569 204	-4 303	-0.76
其中:乌贼	119 074	131 067	-11 993	-9.15
鱿鱼	295 666	289 987	5 679	1.96
章鱼	104 870	106 014	-1 144	-1.08
6. 其他类	226 953	256 170	-29 217	-11.41
其中:海蜇	128 584	145 794	-17 210	-11.80

全国海洋捕捞主要鱼类产量

单位:吨

指 标	2020 年	2019 年	2020 年比 2019 年增减(±)	
			绝对量	幅度(%)
海鳗	309 073	309 524	-451	-0. 15
鳓鱼	59 587	67 220	-7 633	-11. 36
鳀鱼	609 882	625 352	-15 470	-2. 47
沙丁鱼	95 306	98 760	-3 454	-3. 50
鲱鱼	11 236	11 374	-138	-1. 21
石斑鱼	91 908	97 411	-5 503	-5. 65
鲷	122 960	131 072	-8 112	-6. 19
蓝圆鲹	414 349	448 739	-34 390	-7. 66
白姑鱼	82 791	90 126	-7 335	-8. 14
黄姑鱼	58 584	62 664	-4 080	-6. 51
鮸鱼	57 698	62 287	-4 589	-7. 37
大黄鱼	46 017	59 830	-13 813	-23. 09
小黄鱼	292 290	284 238	8 052	2. 83
梅童鱼	196 905	220 032	-23 127	-10. 51
方头鱼	39 043	39 778	-735	-1. 85
玉筋鱼	90 568	88 478	2 090	2. 36
带鱼	903 435	916 693	-13 258	-1. 45
金线鱼	319 709	329 187	-9 478	-2. 88
梭鱼	109 404	111 110	-1 706	-1. 54
鲐鱼	392 556	414 710	-22 154	-5. 34
鲅鱼	355 079	348 929	6 150	1. 76
金枪鱼	32 457	38 196	-5 739	-15. 03
鲳鱼	331 362	326 621	4 741	1. 45
马面鲀	122 327	127 669	-5 342	-4. 18
竹筴鱼	39 126	39 966	-840	-2. 10
鲻鱼	73 365	83 344	-9 979	-11. 97

全国海洋捕捞产量(按海域、渔具分)

单位:吨

指标		2020 年	2019 年	2020 年比 2019 年增减(±)	
				绝对量	幅度(%)
合计		**9 474 104**	**10 001 515**	**-527 411**	**-5.27**
按捕捞海域分	渤海	602 415	629 572	-27 157	-4.31
	黄海	2 268 382	2 292 305	-23 923	-1.04
	东海	3 808 428	4 075 847	-267 419	-6.56
	南海	2 794 879	3 003 791	-208 912	-6.95
按捕捞渔具分	拖网	4 551 909	4 766 005	-214 096	-4.49
	围网	754 523	823 311	-68 788	-8.36
	刺网	2 154 161	2 241 845	-87 684	-3.91
	张网	1 035 779	1 150 760	-114 981	-9.99
	钓具	297 841	352 894	-55 053	-15.60
	其他渔具	679 891	666 700	13 191	1.98

全国淡水捕捞产量

单位:吨

指标	2020 年	2019 年	2020 年比 2019 年增减(±)	
			绝对量	幅度(%)
淡水捕捞产量	**1 457 503**	**1 841 221**	**-383 718**	**-20.84**
1. 鱼类	1 108 901	1 383 929	-275 028	-19.87
2. 甲壳类	161 831	234 810	-72 979	-31.08
虾	131 491	195 931	-64 440	-32.89
蟹	30 340	38 879	-8 539	-21.96
3. 贝类	171 361	204 830	-33 469	-16.34
4. 藻类	239	7	232	3 314.29
5. 其他类	15 171	17 645	-2 474	-14.02
其中:丰年虫	3 788	234	3 554	1 518.80

各地区海洋捕捞产量(按品种分)(一)

单位:吨

地 区	海洋捕捞产量	1. 鱼类	其中				
			海鳗	鳓鱼	鳀鱼	沙丁鱼	鲱鱼
全国总计	**9 474 104**	**6 487 763**	**309 073**	**59 587**	**609 882**	**95 306**	**11 236**
天 津	26 952	23 675			17 252		
河 北	171 612	87 638			33 814		
辽 宁	463 847	265 412	255	400	27 313	576	12
上 海	10 840	4 001	97	1			
江 苏	417 719	232 353	6 784	1 801	1 834	360	107
浙 江	2 568 624	1 715 887	84 597	9 201	44 862	11 155	1 400
福 建	1 528 951	1 084 257	55 930	10 666	59 992	6 964	4 828
山 东	1 655 165	1 179 619	10 654		395 253	3 676	989
广 东	1 131 722	814 026	69 604	22 119	26 635	50 099	2 836
广 西	484 058	268 233	11 308	14 273		10 452	808
海 南	1 014 614	812 662	69 844	1 126	2 927	12 024	256

各地区海洋捕捞产量(按品种分)(二)

单位:吨

地 区	1. 鱼类(续)							
	其中(续)							
	石斑鱼	鲷鱼	蓝圆鲹	白姑鱼	黄姑鱼	鮸鱼	大黄鱼	小黄鱼
全国总计	**91 908**	**122 960**	**414 349**	**82 791**	**58 584**	**57 698**	**46 017**	**292 290**
天 津								1 671
河 北	42				172			5 918
辽 宁		104		291	769	125	5 028	54 905
上 海					21	25	9	44
江 苏	25	248	21	2 857	4 854	1 737	461	24 661
浙 江	1 241	6 458	44 614	42 627	30 837	41 032	994	126 119
福 建	15 799	43 706	197 341	8 176	8 084	10 066	2 431	8 938
山 东		42		9 484	6 846		2 059	41 914
广 东	35 155	33 877	79 428	14 494	3 388	3 667	23 347	16 835
广 西	4 661	20 632	51 886	1 240	60	705		
海 南	34 985	17 893	41 059	3 622	3 553	341	11 688	11 285

各地区海洋捕捞产量(按品种分)(三)

单位:吨

地区	1. 鱼类(续)							
	其中(续)							
	梅童鱼	方头鱼	玉筋鱼	带鱼	金线鱼	梭鱼	鲐鱼	鲅鱼
全国总计	**196 905**	**39 043**	**90 568**	**903 435**	**319 709**	**109 404**	**392 556**	**355 079**
天　津				248		356	1 179	1 475
河　北	165		65	1 461		7 715	5 935	7 591
辽　宁	3 766	179	2 432	7 000		10 837	26 990	35 821
上　海	15			55				4
江　苏	52 698	155	356	44 481	8	6 672	3 668	6 266
浙　江	118 432	14 684	26 496	365 030	1 431	6 818	167 497	78 285
福　建	16 875	5 342	10 494	128 842	8 422	14 032	111 922	39 912
山　东			36 629	87 804		29 284	31 352	158 451
广　东	2 665	6 639	2 335	114 566	69 889	22 894	27 966	23 824
广　西		35		22 581	26 638	7 353	9 096	1 847
海　南	2 289	12 009	11 761	131 367	213 321	3 443	6 951	1 603

各地区海洋捕捞产量(按品种分)(四)

单位:吨

地区	1. 鱼类(续)					2.甲壳类	(1)虾	
	其中(续)							其中
	金枪鱼	鲳鱼	马面鲀	竹筴鱼	鲻鱼			毛虾
全国总计	**32 457**	**331 362**	**122 327**	**39 126**	**73 365**	**1 810 820**	**1 206 347**	**367 354**
天　津		70				1 316	833	60
河　北		2 138	435		2 410	42 361	29 166	4 421
辽　宁	90	2 129	253		1 637	90 175	64 356	21 723
上　海	1	61		5		6 697	745	
江　苏		29 029	650	20	9 652	125 121	45 653	25 991
浙　江	2 819	101 696	21 158	4 137	7 910	688 054	504 600	151 483
福　建	1 926	53 898	30 213	8 674	19 344	272 671	160 102	48 159
山　东		34 706	1 526	6	5	202 519	165 250	50 743
广　东	10 384	60 972	35 130	4 226	14 977	204 832	137 955	32 059
广　西		8 546	19 372	160	7 384	112 270	59 783	24 117
海　南	17 237	38 117	13 590	21 898	10 046	64 804	37 904	8 598

各地区海洋捕捞产量(按品种分)(五)

单位:吨

地 区	2. 甲壳类(续)						
	(1)虾(续)			(2)蟹	其 中		
	其中(续)						
	对虾	鹰爪虾	虾蛄		梭子蟹	青蟹	蟳
全国总计	**192 860**	**231 671**	**206 010**	**604 473**	**424 630**	**71 196**	**22 444**
天 津	1		417	483	223		
河 北	1 249	1 367	18 562	13 195	8 361	5	1 296
辽 宁	4 125	3 771	26 800	25 819	12 051	3 992	4 020
上 海	3	619		5 952	4 595		
江 苏	1 695	7 288	7 122	79 468	72 147	2 015	1 002
浙 江	56 978	139 203	48 868	183 454	151 995	2 778	5 116
福 建	23 684	37 520	30 589	112 569	75 975	14 512	4 182
山 东	14 828	19 181	43 612	37 269	24 631	346	1 805
广 东	59 423	12 896	22 830	66 877	38 322	24 341	2 565
广 西	14 633	7 190	4 408	52 487	26 791	8 728	2 051
海 南	16 241	2 636	2 802	26 900	9 539	14 479	407

各地区海洋捕捞产量(按品种分)(六)

单位:吨

地 区	3. 贝类	4. 藻类	5. 头足类	其 中			6. 其他类	其中
				乌贼	鱿鱼	章鱼		海蜇
全国总计	**361 928**	**21 739**	**564 901**	**119 074**	**295 666**	**104 870**	**226 953**	**128 584**
天 津	1 260		701	48	597	56		
河 北	15 934		12 981	974	1 403	9 357	12 698	8 980
辽 宁	47 952	368	21 599	3 088	11 693	3 584	38 341	9 712
上 海	1		136	23	16	97	5	
江 苏	27 846	932	11 971	1 968	6 315	3 062	19 496	12 289
浙 江	20 505	1 254	124 867	33 969	66 745	22 499	18 057	3 346
福 建	30 850	1 789	125 655	29 897	72 989	16 962	13 729	11 413
山 东	118 995	1 580	87 371	7 186	34 009	29 287	65 081	46 667
广 东	33 623	5 095	52 655	13 759	21 393	10 610	21 491	10 579
广 西	46 251		31 907	11 272	15 788	4 473	25 397	24 084
海 南	18 711	10 721	95 058	16 890	64 718	4 883	12 658	1 514

各地区海洋捕捞产量(按海域分)

单位:吨

地　　区	海洋捕捞产量	按捕捞海域分			
		1. 渤海	2. 黄海	3.东海	4. 南海
全国总计	**9 474 104**	**602 415**	**2 268 382**	**3 808 428**	**2 794 879**
天　　津	26 952	4 176	22 776		
河　　北	171 612	134 265	37 347		
辽　　宁	463 847	183 374	278 566	1 907	
上　　海	10 840			10 840	
江　　苏	417 719	354	373 992	43 373	
浙　　江	2 568 624		180 782	2 387 842	
福　　建	1 528 951			1 364 466	164 485
山　　东	1 655 165	280 246	1 374 919		
广　　东	1 131 722				1 131 722
广　　西	484 058				484 058
海　　南	1 014 614				1 014 614

各地区海洋捕捞产量(按渔具分)

单位:吨

地　　区	海洋捕捞产量	按捕捞渔具分					
		1. 拖网	2. 围网	3.刺网	4. 张网	5. 钓具	6. 其他
全国总计	**9 474 104**	**4 551 909**	**754 523**	**2 154 161**	**1 035 779**	**297 841**	**679 891**
天　　津	26 952	18 244	2 915	3 108	10		2 675
河　　北	171 612	36 400	1 981	70 591	36 497	10	26 133
辽　　宁	463 847	159 530	5 148	220 608	36 497	11 074	30 990
上　　海	10 840	10 527			313		
江　　苏	417 719	65 129	3 859	126 350	160 133	224	62 024
浙　　江	2 568 624	1 485 314	135 553	333 516	450 188	20 736	143 317
福　　建	1 528 951	632 820	232 200	219 689	236 100	50 470	157 672
山　　东	1 655 165	1 112 232	36 247	376 287	85 336	15 197	29 866
广　　东	1 131 722	566 975	111 952	331 334	4 538	74 445	42 478
广　　西	484 058	327 339	40 312	55 261	146	6 011	54 989
海　　南	1 014 614	137 399	184 356	417 417	26 021	119 674	129 747

各地区淡水捕捞产量(按品种分)

单位:吨

地　　区	淡水捕捞产量	1. 鱼类	2. 甲壳类	虾	蟹	3.贝类	4. 藻类	5. 其他类	其中:丰年虫
全国总计	**1 457 503**	**1 108 901**	**161 831**	**131 491**	**30 340**	**171 361**	**239**	**15 171**	**3 788**
北　　京	2 550	2 550							
天　　津	4 662	3 761	732	396	336	160		9	
河　　北	33 584	31 583	1 996	1 685	311	1		4	
山　　西	1 632	1 545	6	5	1			81	81
内 蒙 古	10 958	10 880	24	22	2			54	54
辽　　宁	43 754	39 794	3 322	831	2 491	5	63	570	
吉　　林	18 825	17 880	690	683	7	255			
黑 龙 江	42 414	41 766	104	104		543		1	
上　　海	1 003	974	13	11	2			16	
江　　苏	259 359	155 021	38 597	30 015	8 582	63 006	146	2 589	
浙　　江	169 795	127 125	11 439	8 120	3 319	29 894		1 337	
安　　徽	143 951	97 786	29 899	26 741	3 158	15 058		1 208	
福　　建	70 235	47 129	4 976	4 136	840	17 445		685	
江　　西	72 166	56 001	10 007	9 294	713	4 754	25	1 379	
山　　东	95 634	76 350	12 853	8 919	3 934	3 102		3 329	2 900
河　　南	111 465	93 968	11 225	10 729	496	6 258		14	
湖　　北	75 272	60 267	12 219	11 671	548	1 809		977	
湖　　南	24 520	20 793	2 477	2 216	261	983		267	
广　　东	98 682	68 190	11 576	7 600	3 976	18 211		705	
广　　西	87 677	73 259	5 678	4 749	929	7 785		955	
海　　南	14 358	12 884	249	203	46	1 220		5	
重　　庆	5 140	4 462	592	517	75	86			
四　　川	5 103	4 628	414	379	35	57		4	
贵　　州	7 111	6 349	712	693	19	29		21	
云　　南	29 448	26 976	1 687	1 631	56	692	5	88	
西　　藏	753							753	753
陕　　西	4 779	4 520	131	101	30	8		120	
甘　　肃									
青　　海									
宁　　夏	8 856	8 813	43	2	41				
新　　疆	13 817	13 647	170	38	132				

2-4 远洋渔业

各地区远洋渔业

单位:吨,万元

地　　区	远洋捕捞产量	运回国内量	境外出售量	远洋渔业总产值	2020 年比 2019 年增减(±) 远洋捕捞产量	运回国内量	境外出售量	远洋渔业总产值
全国总计	**2 316 574**	**1 573 507**	**743 067**	**2 391 939**	**146 422**	**257 788**	**−111 366**	**−43 448**
北　　京	5 548	4 638	910	10 066	−1 113	1 596	−2 709	3 294
天　　津	6 093	5 066	1 027	5 785	−1 880	−864	−1 016	−1 865
河　　北	50 469	5 000	45 469	14 582	−5 437	2 100	−7 537	−1 404
辽　　宁	249 843	105 216	144 627	191 618	−15 081	−5 848	−9 233	−101 427
上　　海	149 635	120 316	29 319	163 611	−33 502	−23 684	−9 818	−34 183
江　　苏	9 421	7 575	1 846	12 490	51	−103	154	773
浙　　江	568 376	510 074	58 302	603 996	126 221	115 740	10 481	34 305
福　　建	607 935	367 595	240 340	498 501	91 427	81 169	10 258	57 899
山　　东	384 378	294 486	89 892	555 768	−29 338	65 334	−94 672	56 652
广　　东	61 193	21 940	39 253	94 620	−6 647	−1 133	−5 514	−16 661
广　　西	18 450		18 450	13 386	324	−595	919	442
海　　南								
中农发集团	205 233	131 601	73 632	227 516	21 397	24 076	−2 679	−41 273

各地区远洋渔业主要品种产量

单位:吨

地　　区	远洋捕捞产量	其中 金枪鱼	其中 鱿鱼
全国总计	**2 316 574**	**327 400**	**520 341**
北　　京	5 548	520	2 530
天　　津	6 093	350	
河　　北	50 469		4 780
辽　　宁	249 843	11 070	12 532
上　　海	149 635	108 200	18 383
江　　苏	9 421	1 680	6 180
浙　　江	568 376	91 020	369 113
福　　建	607 935	24 980	39 815
山　　东	384 378	35 050	23 121
广　　东	61 193	17 220	2 160
广　　西	18 450		
海　　南			
中农发集团	205 233	37 310	41 727

第三部分

生产要素

3-1　水产养殖面积

全国水产养殖面积(按水域和养殖方式分)

单位:公顷

指　标		2020 年	2019 年	2020 年比 2019 年增减(±)	
				绝对量	幅度(%)
总　计		**7 036 106**	**7 108 497**	**-72 391**	**-1.02**
1. 海水养殖		1 995 550	1 992 177	3 373	0.17
按水域分	海上	1 123 317	1 105 763	17 554	1.59
	滩涂	561 994	584 778	-22 784	-3.90
	其他	310 239	301 636	8 603	2.85
养殖方式中	池塘	411 484	376 091	35 393	9.41
	普通网箱($米^2$)	19 759 461	22 926 367	-3 166 906	-13.81
	深水网箱($米^3$)	38 213 920	19 358 969	18 854 951	97.40
	筏式	332 946	325 314	7 632	2.35
	吊笼	134 866	139 827	-4 961	-3.55
	底播	872 516	896 485	-23 969	-2.67
	工厂化($米^3$)	39 409 547	35 152 943	4 256 604	12.11
2. 淡水养殖		5 040 556	5 116 320	-75 764	-1.48
按水域分	池塘	2 625 404	2 644 726	-19 322	-0.73
	湖泊	720 648	770 093	-49 445	-6.42
	水库	1 420 871	1 416 569	4 302	0.30
	河沟	147 447	155 390	-7 943	-5.11
	其他	126 186	129 542	-3 356	-2.59
	稻田养成鱼	2 562 686	2 317 488	245 198	10.58
养殖方式中	围栏($米^2$)	81 114 746	117 502 974	-36 388 228	-30.97
	网箱($米^2$)	13 509 224	23 277 915	-9 768 691	-41.97
	工厂化($米^3$)	58 030 991	54 579 776	3 451 215	6.32

全国海水养殖面积(按品种分)

单位:公顷

指　　标	2020 年	2019 年	2020 年比 2019 年增减(±)	
			绝对量	幅度(%)
海水养殖	**1 995 550**	**1 992 177**	**3 373**	**0.17**
1. 鱼类	78 874	75 351	3 523	4.68
2. 甲壳类	295 174	287 855	7 319	2.54
虾	246 046	237 427	8 619	3.63
其中:南美白对虾	177 510	168 044	9 466	5.63
斑节对虾	11 616	11 236	380	3.38
中国对虾	19 787	18 546	1 241	6.69
日本对虾	19 420	21 443	-2 023	-9.43
蟹	49 128	50 428	-1 300	-2.58
其中:梭子蟹	20 671	21 754	-1 083	-4.98
青蟹	23 541	24 055	-514	-2.14
3. 贝类	1 197 407	1 204 247	-6 840	-0.57
牡蛎	164 934	145 086	19 848	13.68
鲍	15 554	14 691	863	5.87
螺	35 092	38 299	-3 207	-8.37
蚶	34 527	33 638	889	2.64
贻贝	44 054	47 155	-3 101	-6.58
江珧	771	815	-44	-5.40
扇贝	382 376	414 449	-32 073	-7.74
蛤	365 138	383 943	-18 805	-4.90
蛏	43 326	44 538	-1 212	-2.72
4. 藻类	141 807	141 737	70	0.05
海带	46 132	44 494	1 638	3.68
裙带菜	7 063	6 947	116	1.67
紫菜	72 399	74 755	-2 356	-3.15
江蓠	10 459	9 388	1 071	11.41
麒麟菜	76	77	-1	-1.30
石花菜				
羊栖菜	1 376	1 329	47	3.54
苔菜	15		15	
5. 其他类	282 288	282 987	-699	-0.25
其中:海参	242 813	246 745	-3 932	-1.59
海胆	9 303	8 993	310	3.45
海水珍珠	1 811	2 061	-250	-12.13
海蜇	14 738	12 460	2 278	18.28

各地区水产养殖面积（一）

单位：公顷

地区	2020年				2019年				2020年比2019年增减（±）			
	总面积	海水养殖面积	淡水养殖面积	其中：池塘	总面积	海水养殖面积	淡水养殖面积	其中：池塘	总面积	海水养殖面积	淡水养殖面积	其中：池塘
全国总计	**7 036 106**	**1 995 550**	**5 040 556**	**2 625 404**	**7 108 497**	**1 992 177**	**5 116 320**	**2 644 726**	**−72 391**	**3 373**	**−75 764**	**−19 322**
北京	2 088		2 088	2 070	2 192		2 192	2 169	−104		−104	−99
天津	23 706	975	22 731	22 452	23 900	813	23 087	22 739	−194	162	−356	−287
河北	141 001	105 341	35 660	21 756	143 014	107 041	35 973	21 962	−2 013	−1 700	−313	−206
山西	12 870		12 870	2 663	12 418		12 418	2 642	452		452	21
内蒙古	127 029		127 029	17 980	129 199		129 199	17 921	−2 170		−2 170	59
辽宁	839 349	650 719	188 630	37 174	839 645	661 817	177 828	37 977	−296	−11 098	10 802	−803
吉林	300 804		300 804	32 745	330 204		330 204	32 757	−29 400		−29 400	−12
黑龙江	419 850		419 850	106 000	400 323		400 323	108 966	19 527		19 527	−2 966
上海	10 522	266	10 256	9 240	11 817		11 817	10 463	−1 295	266	−1 561	−1 223
江苏	598 538	177 629	420 909	316 424	603 089	179 951	423 138	308 712	−4 551	−2 322	−2 229	7 712
浙江	254 827	82 535	172 292	92 683	255 060	82 019	173 041	94 544	−233	516	−749	−1 861
安徽	478 550		478 550	204 708	483 012		483 012	202 732	−4 462		−4 462	1 976
福建	250 247	163 144	87 103	35 314	250 064	163 713	86 351	35 161	183	−569	752	153
江西	405 373		405 373	162 498	411 531		411 531	161 909	−6 158		−6 158	589
山东	744 618	580 350	164 268	100 387	758 895	561 501	197 394	122 510	−14 277	18 849	−33 126	−22 123

各地区水产养殖面积(二)

单位:公顷

地区	2020年				2019年				2020年比2019年增减(±)			
	总面积	海水养殖	淡水养殖		总面积	海水养殖	淡水养殖		总面积	海水养殖	淡水养殖	
		面积	面积	其中:池塘		面积	面积	其中:池塘		面积	面积	其中:池塘
河南	128 593		128 593	101 703	139 903		139 903	110 512	-11 310		-11 310	-8 809
湖北	525 886		525 886	525 886	531 552		531 552	531 552	-5 666		-5 666	-5 666
湖南	426 775		426 775	265 103	425 678		425 678	258 321	1 097		1 097	6 782
广东	474 096	164 719	309 377	246 997	478 212	164 990	313 222	244 772	-4 116	-271	-3 845	2 225
广西	186 062	52 277	133 785	61 211	183 193	49 822	133 371	60 702	2 869	2 455	414	509
海南	44 665	17 595	27 070	17 959	51 737	20 510	31 227	20 574	-7 072	-2 915	-4 157	-2 615
重庆	82 970		82 970	48 615	82 817		82 817	53 091	153		153	-4 476
四川	193 145		193 145	100 946	193 096		193 096	99 978	49		49	968
贵州	64 931		64 931	12 640	61 532		61 532	11 747	3 399		3 399	893
云南	105 782		105 782	34 119	93 939		93 939	25 397	11 843		11 843	8 722
西藏	4		4	4	3		3	3	1		1	1
陕西	51 282		51 282	12 799	51 156		51 156	12 697	126		126	102
甘肃	7 971		7 971	1 625	6 131		6 131	1 534	1 840		1 840	91
青海	17 400		17 400	340	17 400		17 400	340				
宁夏	23 102		23 102	10 906	23 494		23 494	11 056	-392		-392	-150
新疆	94 070		94 070	20 457	114 291		114 291	19 286	-20 221		-20 221	1 171

各地区海水养殖面积(按品种分)(一)

单位:公顷

地　区	海水养殖面积	1.鱼类	2.甲壳类	(1)虾	其中			
					南美白对虾	斑节对虾	中国对虾	日本对虾
全国总计	**1 995 550**	**78 874**	**295 174**	**246 046**	**177 510**	**11 616**	**19 787**	**19 420**
天　津	975	5	970	970	970			
河　北	105 341	559	25 435	24 022	14 160	70	5 477	3 756
辽　宁	650 719	6 523	18 118	17 360	3 448		9 963	3 438
上　海	266		266	266	133	133		
江　苏	177 629	7 751	19 697	12 112	1 557	2 504	1 494	202
浙　江	82 535	4 309	24 770	10 672	6 532	151	111	395
福　建	163 144	14 661	23 119	14 585	9 579	1 436	956	2 165
山　东	580 350	4 559	93 583	86 480	71 844	228	1 724	8 571
广　东	164 719	33 218	59 086	51 522	42 072	6 685	62	880
广　西	52 277	1 949	19 839	18 766	18 439	100		13
海　南	17 595	5 340	10 291	9 291	8 776	309		

各地区海水养殖面积(按品种分)(二)

单位:公顷

地　区	2.甲壳类(续)			3.贝类	其中			
	(2)蟹	其中			牡蛎	鲍	螺	蚶
		梭子蟹	青蟹					
全国总计	**49 128**	**20 671**	**23 541**	**1 197 407**	**164 934**	**15 554**	**35 092**	**34 527**
天　津								
河　北	1 413	618		69 280	170		1 249	3 270
辽　宁	758	668		444 413	23 164	2 099		14 801
上　海								
江　苏	7 585	7 371	214	108 089	2 626		19 052	4 380
浙　江	14 098	2 195	9 980	35 498	4 449	15	3 561	5 765
福　建	8 534	3 943	4 088	77 709	36 564	6 245	428	2 759
山　东	7 103	5 363	453	364 236	54 459	6 384	1 501	1 003
广　东	7 564	448	6 822	67 130	28 145	811	5 856	2 353
广　西	1 073		1 070	29 505	15 210		3 043	157
海　南	1 000	65	914	1 547	147		402	39

各地区海水养殖面积(按品种分)(三)

单位:公顷

地　区	3. 贝类(续)					4. 藻类				
	其中(续)						其　中			
	贻贝	江珧	扇贝	蛤	蛏		海带	裙带菜	紫菜	江蓠
全国总计	**44 054**	**771**	**382 376**	**365 138**	**43 326**	**141 807**	**46 132**	**7 063**	**72 399**	**10 459**
天　津										
河　北			48 201	10 045	172	7	7			
辽　宁	2 900		201 291	152 826	3 306	14 598	8 709	5 839		
上　海										
江　苏	5 573			69 034	3 600	40 986			40 986	
浙　江	1 827		189	4 443	12 405	17 438	1 060		15 359	
福　建	1 634		262	14 543	13 633	44 399	20 987		12 884	8 788
山　东	28 055	80	127 447	88 239	9 616	21 856	15 287	1 214	2 580	400
广　东	3 920	691	4 883	16 123	557	2 148	82	10	590	1 208
广　西	145		95	9 133	37					
海　南			8	752		375				63

各地区海水养殖面积(按品种分)(四)

单位:公顷

地　区	4. 藻类(续)				5. 其他				
	其中(续)					其　中			
	麒麟菜	石花菜	羊栖菜	苔菜		海参	海胆	海水珍珠	海蜇
全国总计	**76**		**1 376**	**15**	**282 288**	**242 813**	**9 303**	**1 811**	**14 738**
天　津									
河　北					10 060	9 493			69
辽　宁					167 067	151 766	2 203		11 792
上　海									
江　苏					1 106	101			961
浙　江			994	15	520	9			200
福　建			382		3 256	1 482			1 489
山　东					96 116	79 691	5 536		207
广　东					3 137	267	1 564	1 036	20
广　西					984			775	
海　南	76				42	4			

各地区海水养殖面积(按水域和养殖方式分)(一)

单位:公顷

地　　区	海水养殖面积	按养殖水域分			养殖方式中	
		1. 海上	2. 滩涂	3.其他	1. 池塘	2. 普通网箱(米^2)
全国总计	**1 995 550**	**1 123 317**	**561 994**	**310 239**	**411 484**	**19 759 461**
天　　津	975			975	975	
河　　北	105 341	60 368	17 188	27 785	28 428	
辽　　宁	650 719	452 167	109 533	89 019	80 550	412 912
上　　海	266		266			
江　　苏	177 629	45 232	113 155	19 242	30 593	
浙　　江	82 535	23 037	35 906	23 592	28 094	618 343
福　　建	163 144	88 027	45 038	30 079	22 529	12 519 795
山　　东	580 350	381 737	154 796	43 817	122 854	2 242 434
广　　东	164 719	48 873	62 600	53 246	66 746	2 885 611
广　　西	52 277	20 457	14 943	16 877	17 280	580 407
海　　南	17 595	3 419	8 569	5 607	13 435	499 959

各地区海水养殖面积(按水域和养殖方式分)(二)

单位:公顷

地　　区	养殖方式中(续)				
	3. 深水网箱(米^3)	4. 筏式	5. 吊笼	6. 底播	7. 工厂化(米^3)
全国总计	**38 213 920**	**332 946**	**134 866**	**872 516**	**39 409 547**
天　　津					134 800
河　　北		48 417		12 190	3 772 700
辽　　宁	333 440	48 452	8 201	457 966	3 528 819
上　　海					
江　　苏		45 992	494	89 917	588 000
浙　　江	6 802 288	21 452	140	23 840	2 117 677
福　　建	13 846 395	46 129	6 276	15 652	13 364 915
山　　东	2 828 633	98 957	116 154	215 443	12 429 214
广　　东	2 811 014	16 533	3 423	44 457	1 472 475
广　　西	4 370 302	7 014	178	12 148	433 060
海　　南	7 221 848			903	1 567 887

各地区淡水养殖面积(按水域和养殖方式分)(一)

单位:公顷

地　区	淡水养殖面积	按水域分			
		1. 池塘	2. 湖泊	3.水库	4. 河沟
全国总计	**5 040 556**	**2 625 404**	**720 648**	**1 420 871**	**147 447**
北　京	2 088	2 070			
天　津	22 731	22 452		220	35
河　北	35 660	21 756	1 066	11 875	624
山　西	12 870	2 663	618	9 588	
内蒙古	127 029	17 980	51 068	54 516	3 465
辽　宁	188 630	37 174	77	95 115	5 736
吉　林	300 804	32 745	117 481	148 040	2 530
黑龙江	419 850	106 000	156 536	136 243	14 814
上　海	10 256	9 240	300		716
江　苏	420 909	316 424	47 640	7 028	28 526
浙　江	172 292	92 683	2 643	66 056	8 363
安　徽	478 550	204 708	149 442	79 037	37 490
福　建	87 103	35 314	776	43 668	3 880
江　西	405 373	162 498	84 521	145 557	9 716
山　东	164 268	100 387	1 771	61 017	
河　南	128 593	101 703	1 921	20 724	4 233
湖　北	525 886	525 886			
湖　南	426 775	265 103	55 227	95 575	1 063
广　东	309 377	246 997	1 681	52 683	1 107
广　西	133 785	61 211		67 387	3 213
海　南	27 070	17 959	93	8 782	60
重　庆	82 970	48 615		33 311	1 004
四　川	193 145	100 946	4 750	71 792	15 460
贵　州	64 931	12 640	182	48 191	1 941
云　南	105 782	34 119	917	69 483	426
西　藏	4	4			
陕　西	51 282	12 799	7 960	28 345	1 890
甘　肃	7 971	1 625	25	6 171	4
青　海	17 400	340	4 233	12 827	
宁　夏	23 102	10 906	10 655	1 049	492
新　疆	94 070	20 457	19 065	46 591	659

各地区淡水养殖面积(按水域和养殖方式分)(二)

单位:公顷

地区	按水域分(续)		养殖方式中		
	5. 其他	6. 稻田	1. 围栏(米²)	2. 网箱(米²)	3. 工厂化(米³)
全国总计	**126 186**	**2 562 686**	**81 114 746**	**13 509 224**	**58 030 991**
北京	18				141 100
天津	24	20 284			140 000
河北	339	2 300		5 302	1 113 793
山西	1	13		5 912	14 713
内蒙古		6 286			15 300
辽宁	50 528	66 694	550 000	835 194	64 514
吉林	8	46 350	1 265 870	70 800	46 700
黑龙江	6 257	73 480		18 920	1 350
上海		104			28 000
江苏	21 291	226 842	4 527 986	833 635	2 068 607
浙江	2 547	56 618	124 139	438 300	8 924 762
安徽	7 873	339 103	24 989 738	3 813 512	877 429
福建	3 465	16 417	38 670	1 148 083	21 308 642
江西	3 081	135 279		90 800	1 591 747
山东	1 093	5 035	1 240 360	66 160	5 077 199
河南	12	75 812		121 851	260 849
湖北		490 266			7 763 000
湖南	9 807	331 434		1 052 648	632 295
广东	6 909	3 740	670	94 698	1 252 108
广西	1 974	49 982	31 086 651	3 234 262	242 025
海南	176	27		27 600	
重庆	40	22 164			47 000
四川	197	318 106			102 455
贵州	1 977	186 814	540 000		92 398
云南	837	80 428	533 360	1 126 870	1 439 806
西藏					
陕西	288	4 752	16 217 302	76 301	4 566 670
甘肃	146			104 953	6 760
青海				313 423	
宁夏		4 069			
新疆	7 298	287		30 000	211 769

3-2 水产苗种

全国水产苗种数量

指　　标	计量单位	2020 年	2019 年	2020 年比 2019 年增减(±)	
				绝对量	幅度(%)
淡水鱼苗产量	**亿尾**	**13 097**	**12 517**	**580**	**4.63**
其中:罗非鱼	亿尾	206	215	-9	-4.21
淡水鱼种产量	吨	3 568 842	3 553 948	14 894	0.42
投放鱼种产量	吨	4 166 981	4 093 655	73 326	1.79
河蟹育苗量	千克	829 634	936 617	-106 983	-11.42
扣蟹	千克	65 437 804	67 989 822	-2 552 018	-3.75
稚鳖数量	万只	59 415	60 920	-1 504	-2.47
稚龟数量	万只	12 004	13 456	-1 453	-10.80
鳗苗捕捞量	千克	16 368	11 992	4 376	36.49
海水鱼苗产量	**万尾**	**1 165 566**	**1 143 960**	**21 606**	**1.89**
其中:大黄鱼	万尾	238 079	341 646	-103 568	-30.31
鲆鱼	万尾	48 898	48 084	814	1.69
虾类育苗量	亿尾	24 394	18 121	6 273	34.62
其中:南美白对虾	亿尾	15 615	15 070	544	3.61
贝类育苗量	万粒	267 831 571	252 219 677	15 611 894	6.19
其中:鲍鱼育苗量	万粒	872 529	865 215	7 314	0.85
海带育苗量	亿株	398	370	28	7.61
紫菜育苗量	亿贝壳	133	11	121	1 058.92
海参	亿头	551	525	26	4.88

各地区水产苗种数量(一)

地　　区	淡水鱼苗 (亿尾)	其中:罗非鱼 (亿尾)	淡水鱼种 (吨)	投放鱼种 (吨)	河蟹育苗 (千克)	扣蟹 (千克)
全国总计	**13 097.09**	**205.81**	**3 568 842**	**4 166 981**	**829 634**	**65 437 804**
北　京	5.78		1 664	3 264		
天　津	63.50		14 281	21 958	500	309 500
河　北	37.21	0.23	19 573	32 857		2 827
山　西	1.52		3 557	6 217	75	
内蒙古	1.98		8 645	12 420		
辽　宁	74.00		93 598	92 049	80 000	33 324 010
吉　林	11.76		12 162	20 143		75 267
黑龙江	15.49		46 319	74 983		
上　海	4.75		2 083	4 992	12 500	5 187 000
江　苏	475.84	0.44	269 996	394 298	718 260	10 895 964
浙　江	188.03		50 977	84 278	160	108 788
安　徽	442.80	1.10	302 589	398 315		12 425 383
福　建	32.12	5.85	16 150	40 292		
江　西	375.48	2.83	303 029	423 102	3 520	154 912
山　东	56.92	0.26	113 932	149 669	12 119	60 128
河　南	60.37		85 926	96 530		41 571
湖　北	1 218.00		1 037 079	1 011 438		2 734 896
湖　南	529.67		440 908	412 225		
广　东	8 091.35	94.34	224 625	193 777	2 000	
广　西	743.10	18.50	128 283	138 034		12
海　南	63.86	58.96	1 365	1 915		
重　庆	87.00	1.30	85 153	103 819		
四　川	287.32	0.85	187 093	270 805		
贵　州	73.23	0.25	13 611	26 519	500	1 500
云　南	131.68	20.74	56 523	103 560		14 630
西　藏	0.41		24	24		
陕　西	6.56	0.16	9 989	9 580		63 000
甘　肃	0.66		2 336	2 625		8 356
青　海	0.01					1 800
宁　夏	9.09		22 599	23 287		28 260
新　疆	7.60		14 773	14 006		

各地区水产苗种数量(二)

地　　区	稚鳖（万只）	稚龟（万只）	鳗苗捕捞（千克）	海水鱼苗（万尾）	其中	
					大黄鱼(万尾)	鲆鱼(万尾)
全国总计	**59 415.28**	**12 003.61**	**16 368**	**1 165 566.17**	**238 078.62**	**48 898.00**
北　　京	2.00	4.00				
天　　津	96.00			2 643.00		2 480.00
河　　北	715.10			5 287.00		627.00
山　　西	243.50	15.73				
内 蒙 古						
辽　　宁				3 688.00		3 331.00
吉　　林						
黑 龙 江						
上　　海	3.00	5.50	134			
江　　苏	3 219.00	347.00	9 148	12 975.00	1 050.00	70.00
浙　　江	8 681.60	991.28	1 456	32 415.00	20 445.00	35.00
安　　徽	7 250.39	671.59				
福　　建	89.20	12.01	5 519	416 570.00	216 194.00	180.00
江　　西	12 264.98	5 291.66				
山　　东	1 517.00			78 227.00	112.00	41 908.00
河　　南	1 701.00	50.00				
湖　　北	6 278.00	2 166.00				
湖　　南	4 259.26	1 070.19				
广　　东	6 033.00	678.00	32	469 856.00	245.00	267.00
广　　西	6 485.22	569.00	79	40.97	32.62	
海　　南	8.00	123.00		143 864.20		
重　　庆	73.80	1.50				
四　　川	431.37	5.13				
贵　　州	5.60	2.00				
云　　南	0.01	0.02				
西　　藏						
陕　　西	56.25					
甘　　肃	2.00					
青　　海						
宁　　夏						
新　　疆						

各地区水产苗种数量(三)

地　　区	虾类育苗（亿尾）	其中:南美白对虾(亿尾)	贝类育苗（万粒）	其中:鲍鱼（万粒）	海带（亿株）	紫菜（亿贝壳）	海参（亿头）
全国总计	**24 394. 37**	**15 614. 65**	**267 831 571**	**872 529**	**397. 64**	**132. 58**	**550. 60**
北　京							
天　津	43. 60	31. 60					
河　北	309. 98	289. 75	500 000				21. 17
山　西							
内蒙古							
辽　宁	132. 00	89. 00	5 246 301	17 053	6. 00		196. 00
吉　林							
黑龙江							
上　海	13. 52	13. 52					
江　苏	292. 81	244. 20	20 040			4. 73	
浙　江	285. 76	39. 90	81 685 845		0. 80	1. 95	
安　徽	248. 88		59 331				
福　建	4 733. 21	4 269. 01	126 318 304	677 808	309. 84	5. 40	
江　西	25. 10						
山　东	8 972. 00	4 035. 00	53 450 259	19 540	81. 00	120. 00	332. 87
河　南	22. 33						
湖　北	2 047. 00						
湖　南							
广　东	5 123. 00	4 484. 00	315 669	158 028		0. 50	0. 06
广　西	204. 77	199. 97	93 173	100			
海　南	1 931. 98	1 917. 48	142 649				0. 50
重　庆	3. 90						
四　川	3. 07						
贵　州							
云　南	0. 79	0. 55					
西　藏							
陕　西							
甘　肃	0. 67	0. 67					
青　海							
宁　夏							
新　疆							

3-3 年末渔船拥有量

全国渔船年末拥有量(一)

指标		2020年			2019年			2020年比2019年增减(±)		
		艘	总吨	千瓦	艘	总吨	千瓦	艘	总吨	千瓦
渔船合计		**563 262**	**10 059 327**	**18 563 868**	**731 169**	**10 402 357**	**19 905 327**	**-167 907**	**-343 030**	**-1 341 459**
机动渔船合计		374 757	9 796 816	18 563 868	468 312	10 048 442	19 905 327	-93 555	-251 626	-1 341 459
1. 生产渔船		360 152	8 706 560	16 248 031	451 537	8 988 192	17 651 971	-91 385	-281 632	-1 403 940
(1)捕捞渔船		251 343	8 298 311	14 827 661	334 976	8 552 017	16 100 724	-83 633	-253 706	-1 273 063
441千瓦(含)以上		3 226	1 785 946	2 980 765	3 041	1 660 055	2 765 850	185	125 891	214 915
44.1(含)~441千瓦		50 356	5 645 620	9 123 702	51 704	5 721 910	9 556 433	-1 348	-76 290	-432 731
44.1千瓦以下		197 761	866 745	2 723 194	280 231	1 170 052	3 778 441	-82 470	-303 307	-1 055 247
(2)养殖渔船		108 809	408 249	1 420 370	116 561	436 175	1 551 247	-7 752	-27 926	-130 877
2. 辅助渔船		14 605	1 090 256	2 315 837	16 775	1 060 250	2 253 356	-2 170	30 006	62 481
(1)捕捞辅助船		10 953	994 099	1 607 350	13 042	936 168	1 505 731	-2 089	57 931	101 619
(2)渔业执法船		2 810	81 159	676 281	2 806	80 704	656 932	4	455	19 349
机动渔船按船长分	24米(含)以上	36 351	7 496 242	11 449 915	36 750	7 149 161	11 198 186	-399	347 081	251 729
	12(含)~24米	42 860	1 359 994	3 246 950	61 946	1 729 050	3 967 597	-19 086	-369 056	-720 647
	12米以下	295 546	940 580	3 867 003	369 616	1 170 231	4 739 544	-74 070	-229 651	-872 541
非机动渔船合计		188 505	262 511		262 857	353 915		-74 352	-91 404	

全国渔船年末拥有量(二)

指标		总数			海洋渔船			内陆渔船		
		艘	总吨	千瓦	艘	总吨	千瓦	艘	总吨	千瓦
渔船合计		**563 262**	**10 059 327**	**18 563 868**	**217 821**	**9 310 512**	**16 528 966**	**345 441**	**748 815**	**2 034 902**
机动渔船合计		374 757	9 796 816	18 563 868	214 017	9 300 908	16 528 966	160 740	495 908	2 034 902
1. 生产渔船		360 152	8 706 560	16 248 031	203 543	8 246 487	14 489 895	156 609	460 073	1 758 136
(1)捕捞渔船		251 343	8 298 311	14 827 661	136 784	7 950 711	13 437 789	114 559	347 600	1 389 872
441 千瓦(含)以上		3 226	1 785 946	2 980 765	3 212	1 780 458	2 970 898	14	5 488	9 867
44.1(含)~441 千瓦		50 356	5 645 620	9 123 702	47 882	5 616 131	9 066 974	2 474	29 489	56 728
44.1 千瓦以下		197 761	866 745	2 723 194	85 690	554 122	1 399 917	112 071	312 623	1 323 277
(2)养殖渔船		108 809	408 249	1 420 370	66 759	295 776	1 052 106	42 050	112 473	368 264
2. 辅助渔船		14 605	1 090 256	2 315 837	10 474	1 054 421	2 039 071	4 131	35 835	276 766
(1)捕捞辅助船		10 953	994 099	1 607 350	9 438	986 616	1 579 301	1 515	7 483	28 049
(2)渔业执法船		2 810	81 159	676 281	536	56 831	427 458	2 274	24 328	248 823
机动渔船按船长分	24 米(含)以上	36 351	7 496 242	11 449 915	35 948	7 458 601	11 386 424	403	37 641	63 491
	12(含)~24 米	42 860	1 359 994	3 246 950	34 149	1 250 784	3 003 782	8 711	109 210	243 168
	12 米以下	295 546	940 580	3 867 003	143 920	591 523	2 138 760	151 626	349 057	1 728 243
非机动渔船合计		188 505	262 511		3 804	9 604		184 701	252 907	

各地区机动渔船年末拥有量

地　　区	2020 年			2019 年			2020 年比 2019 年增减(±)		
	艘	总吨	千瓦	艘	总吨	千瓦	艘	总吨	千瓦
全国总计	**374 757**	**9 796 816**	**18 563 868**	**468 312**	**10 048 442**	**19 905 327**	**-93 555**	**-251 626**	**-1 341 459**
北　　京	36	10 249	14 943	36	10 249	14 688			255
天　　津	1 569	37 085	69 600	2 124	37 705	77 068	-555	-620	-7 468
河　　北	7 334	281 193	499 762	7 537	277 672	503 254	-203	3 521	-3 492
山　　西	193	390	3 081	137	348	2 618	56	42	463
内 蒙 古	1 242	2 223	18 894	1 253	2 220	18 641	-11	3	253
辽　　宁	29 607	697 777	1 586 693	31 090	687 776	1 576 379	-1 483	10 001	10 314
吉　　林	4 195	7 282	74 408	4 188	7 060	73 218	7	222	1 190
黑 龙 江	10 143	16 800	110 664	10 029	16 353	109 238	114	447	1 426
上　　海	576	116 084	182 161	563	108 320	155 772	13	7 764	26 389
江　　苏	35 250	485 824	1 134 088	55 272	583 047	1 545 762	-20 022	-97 223	-411 674
浙　　江	28 624	3 058 108	4 550 364	29 595	2 996 813	4 485 746	-971	61 295	64 618
安　　徽	7 712	79 279	118 719	11 243	99 737	161 849	-3 531	-20 458	-43 130
福　　建	52 819	1 500 233	2 868 989	48 435	1 413 442	2 802 613	4 384	86 791	66 376
江　　西	9 001	34 811	91 656	28 920	140 726	397 761	-19 919	-105 915	-306 105
山　　东	59 034	1 191 309	2 348 716	61 505	1 194 903	2 469 289	-2 471	-3 594	-120 573
河　　南	3 787	18 439	65 006	3 937	18 765	67 640	-150	-326	-2 634
湖　　北	11 036	21 981	94 468	19 743	42 497	180 082	-8 707	-20 516	-85 614
湖　　南	9 876	17 845	51 559	34 931	79 148	318 448	-25 055	-61 303	-266 889
广　　东	49 427	1 005 448	2 085 778	54 123	1 048 309	2 212 143	-4 696	-42 861	-126 365
广　　西	22 834	514 612	855 840	24 145	542 641	894 742	-1 311	-28 029	-38 902
海　　南	21 967	530 510	1 373 595	24 630	564 834	1 395 586	-2 663	-34 324	-21 991
重　　庆	2 350	7 668	32 649	3 352	11 093	44 419	-1 002	-3 425	-11 770
四　　川	630	1 880	13 088	4 429	5 470	42 345	-3 799	-3 590	-29 257
贵　　州	1 491	3 143	32 813	2 629	4 655	47 318	-1 138	-1 512	-14 505
云　　南	935	2 618	20 685	1 261	3 846	26 394	-326	-1 228	-5 709
西　　藏									
陕　　西	589	1 544	9 228	616	1 659	9 708	-27	-115	-480
甘　　肃	35	92	1 503	37	100	1 677	-2	-8	-174
青　　海	1 127	1 198	13 789	1 127	1 198	13 789			
宁　　夏	26	122	1 843	28	128	1 852	-2	-6	-9
新　　疆	1 025	3 808	17 641	1 093	4 018	18 910	-68	-210	-1 269
中农发集团	287	147 261	221 645	304	143 710	236 378	-17	3 551	-14 733

各地区机动渔船年末拥有量（按船长分）

地　区	24米（含）以上			12（含）~24米			12米以下		
	艘	总吨	千瓦	艘	总吨	千瓦	艘	总吨	千瓦
全国总计	**36 351**	**7 496 242**	**11 449 915**	**42 860**	**1 359 994**	**3 246 950**	**295 546**	**940 580**	**3 867 003**
北　京	14	10 146	13 122	7	79	935	15	24	886
天　津	86	23 880	38 020	284	11 278	24 205	1 199	1 927	7 375
河　北	1 193	179 290	222 176	2 300	70 577	174 198	3 841	31 326	103 388
山　西				13	42	330	180	348	2 751
内蒙古				18	525	1 361	1 224	1 698	17 533
辽　宁	2 951	387 260	761 104	6 757	245 434	512 031	19 899	65 083	313 558
吉　林	10	906	2 064	341	1 678	10 097	3 844	4 698	62 247
黑龙江	19	2 063	5 705	111	1 215	5 664	10 013	13 522	99 295
上　海	259	110 877	156 446	88	4 818	21 249	229	389	4 466
江　苏	3 136	332 212	582 222	3 896	92 602	213 752	28 218	61 010	338 114
浙　江	12 428	2 943 834	4 223 436	2 015	69 372	152 923	14 181	44 902	174 005
安　徽	121	7 142	1 928	930	36 756	29 900	6 661	35 381	86 891
福　建	4 778	1 205 938	1 923 583	4 442	167 181	447 016	43 599	127 114	498 390
江　西	7	449	1 997	295	2 616	8 177	8 699	31 746	81 482
山　东	5 071	874 248	1 376 301	5 058	137 078	336 536	48 905	179 983	635 879
河　南	12	904	2 300	990	11 636	18 291	2 785	5 899	44 415
湖　北	6	444	2 748	754	6 380	14 556	10 276	15 157	77 164
湖　南	6	157	1 086	718	1 686	10 838	9 152	16 002	39 635
广　东	3 128	648 819	1 018 468	8 225	238 208	590 758	38 074	118 421	476 552
广　西	1 688	422 732	502 505	747	45 577	107 244	20 399	46 303	246 091
海　南	1 147	197 685	390 805	4 010	208 761	537 335	16 810	124 064	445 455
重　庆	2	130	786	553	3 049	10 883	1 795	4 489	20 980
四　川	4	210	970	38	414	1 905	588	1 256	10 213
贵　州	3	282	417	95	928	7 344	1 393	1 933	25 052
云　南	4	200	1 774	12	140	1 111	919	2 278	17 800
西　藏									
陕　西				20	369	1 336	569	1 175	7 892
甘　肃				3	15	309	32	77	1 194
青　海							1 127	1 198	13 789
宁　夏							26	122	1 843
新　疆	2	108	400	129	645	4 573	894	3 055	12 668
中农发集团	276	146 326	219 552	11	935	2 093			

各地区机动渔船年末拥有量(生产渔船)

地　区	生产渔船			捕捞渔船			养殖渔船		
	艘	总吨	千瓦	艘	总吨	千瓦	艘	总吨	千瓦
全国总计	**360 152**	**8 706 560**	**16 248 031**	**251 343**	**8 298 311**	**14 827 661**	**108 809**	**408 249**	**1 420 370**
北　京	14	10 146	13 122	14	10 146	13 122			
天　津	1 513	33 891	58 651	1 228	33 494	56 212	285	397	2 439
河　北	6 597	257 039	435 377	4 582	231 164	327 233	2 015	25 875	108 144
山　西	183	337	1 999	125	134	909	58	203	1 090
内蒙古	1 180	1 447	12 616	1 012	1 204	10 350	168	243	2 266
辽　宁	28 841	634 688	1 399 069	17 167	578 275	1 211 475	11 674	56 413	187 594
吉　林	4 068	5 637	65 174	2 643	3 392	40 863	1 425	2 245	24 311
黑龙江	10 009	13 617	93 950	7 549	10 254	68 821	2 460	3 363	25 129
上　海	467	91 736	128 397	467	91 736	128 397			
江　苏	34 017	458 696	1 035 664	25 620	401 992	862 462	8 397	56 704	173 202
浙　江	26 108	2 545 903	3 707 681	20 186	2 529 174	3 639 511	5 922	16 729	68 170
安　徽	7 410	76 598	97 071	5 869	51 223	78 314	1 541	25 375	18 757
福　建	50 656	1 297 180	2 524 753	21 963	1 217 698	2 208 415	28 693	79 482	316 338
江　西	8 885	33 380	77 689	3 516	12 722	24 619	5 369	20 658	53 070
山　东	58 581	1 074 079	2 169 351	42 867	1 005 620	1 920 525	15 714	68 459	248 826
河　南	3 674	17 293	56 459	2 887	15 412	45 859	787	1 881	10 600
湖　北	10 762	19 744	69 595	2 913	7 831	18 669	7 849	11 913	50 926
湖　南	9 481	15 679	32 990				9 481	15 679	32 990
广　东	46 236	930 115	1 810 849	41 898	913 806	1 756 022	4 338	16 309	54 827
广　西	21 836	501 011	794 958	21 101	499 828	782 131	735	1 183	12 827
海　南	21 772	523 699	1 346 320	21 641	522 432	1 339 764	131	1 267	6 556
重　庆	2 144	6 556	23 593	2 092	6 294	22 996	52	262	597
四　川	546	1 224	5 374				546	1 224	5 374
贵　州	1 386	1 902	21 055	1 223	1 651	18 195	163	251	2 860
云　南	809	1 877	10 066	718	1 693	8 922	91	184	1 144
西　藏									
陕　西	565	1 404	7 099	55	199	488	510	1 205	6 611
甘　肃	22	22	240				22	22	240
青　海	1 112	982	11 660	1 008	765	8 878	104	217	2 782
宁　夏	4	4	83				4	4	83
新　疆	987	3 413	15 481	712	2 911	12 864	275	502	2 617
中农发集团	287	147 261	221 645	287	147 261	221 645			

各地区海洋机动渔船年末拥有量

地　区	2020 年			2019 年			2020 年比 2019 年增减(±)		
	艘	总吨	千瓦	艘	总吨	千瓦	艘	总吨	千瓦
全国总计	**214 017**	**9 300 908**	**16 528 966**	**220 361**	**9 228 396**	**16 535 208**	**-6 344**	**72 512**	**-6 242**
北　京	14	10 146	13 122	14	10 146	12 867			255
天　津	536	36 480	65 742	536	36 480	65 742			
河　北	6 218	278 981	473 248	6 337	275 026	475 855	-119	3 955	-2 607
辽　宁	27 368	691 195	1 560 359	28 617	680 115	1 540 620	-1 249	11 080	19 739
上　海	313	113 094	159 551	326	107 741	150 780	-13	5 353	8 771
江　苏	5 637	387 254	721 070	5 783	388 243	740 182	-146	-989	-19 112
浙　江	23 157	3 042 102	4 477 914	23 443	2 980 990	4 410 176	-286	61 112	67 738
福　建	49 676	1 496 645	2 848 413	45 272	1 409 827	2 781 658	4 404	86 818	66 755
山　东	32 318	1 092 934	1 992 099	34 269	1 087 222	2 050 662	-1 951	5 712	-58 563
广　东	38 550	977 969	1 974 383	42 085	1 021 083	2 098 625	-3 535	-43 114	-124 242
广　西	8 012	496 467	648 071	8 778	524 303	680 739	-766	-27 836	-32 668
海　南	21 931	530 380	1 373 349	24 597	563 510	1 290 924	-2 666	-33 130	82 425
中农发集团	287	147 261	221 645	304	143 710	236 378	-17	3 551	-14 733

各地区海洋机动渔船年末拥有量(按船长分)

地　区	24 米(含)以上			12(含)~24 米			12 米以下		
	艘	总吨	千瓦	艘	总吨	千瓦	艘	总吨	千瓦
全国总计	**35 948**	**7 458 601**	**11 386 424**	**34 149**	**1 250 784**	**3 003 782**	**143 920**	**591 523**	**2 138 760**
北　京	14	10 146	13 122						
天　津	86	23 880	38 020	284	11 278	24 205	166	1 322	3 517
河　北	1 192	179 209	221 706	2 296	70 539	173 689	2 730	29 233	77 853
辽　宁	2 943	386 306	759 658	6 690	244 701	507 622	17 735	60 188	293 079
上　海	252	109 788	151 705	59	3 293	7 803	2	13	43
江　苏	2 982	316 670	561 034	1 753	63 331	141 331	902	7 253	18 705
浙　江	12 424	2 942 654	4 222 633	1 881	67 029	145 786	8 852	32 419	109 495
福　建	4 778	1 205 938	1 923 583	4 400	166 948	446 380	40 498	123 759	478 450
山　东	5 068	874 427	1 375 985	4 912	136 700	333 286	22 338	81 807	282 828
广　东	3 100	642 887	1 006 664	7 244	232 483	583 628	28 206	102 599	384 091
广　西	1 686	422 685	501 957	609	44 786	100 624	5 717	28 996	45 490
海　南	1 147	197 685	390 805	4 010	208 761	537 335	16 774	123 934	445 209
中农发集团	276	146 326	219 552	11	935	2 093			

各地区海洋机动渔船年末拥有量(生产渔船)

地区	生产渔船			捕捞渔船			养殖渔船		
	艘	总吨	千瓦	艘	总吨	千瓦	艘	总吨	千瓦
全国总计	**203 543**	**8 246 487**	**14 489 895**	**136 784**	**7 950 711**	**13 437 789**	**66 759**	**295 776**	**1 052 106**
北　京	14	10 146	13 122	14	10 146	13 122			
天　津	495	33 313	55 283	414	33 187	53 993	81	126	1 290
河　北	5 509	255 065	411 750	3 539	229 259	304 267	1 970	25 806	107 483
辽　宁	26 657	629 035	1 379 669	15 246	573 701	1 196 656	11 411	55 334	183 013
上　海	271	91 495	126 786	271	91 495	126 786			
江　苏	5 417	364 319	648 647	4 747	326 547	561 956	670	37 772	86 691
浙　江	20 982	2 531 809	3 647 744	15 817	2 518 400	3 589 430	5 165	13 409	58 314
福　建	47 533	1 293 679	2 505 603	19 021	1 214 480	2 190 870	28 512	79 199	314 733
山　东	31 925	976 969	1 818 777	16 643	909 157	1 577 227	15 282	67 812	241 550
广　东	35 576	905 959	1 715 828	32 066	891 007	1 664 052	3 510	14 952	51 776
广　西	7 140	483 848	598 954	7 113	483 749	598 254	27	99	700
海　南	21 737	523 589	1 346 087	21 606	522 322	1 339 531	131	1 267	6 556
中农发集团	287	147 261	221 645	287	147 261	221 645			

各地区内陆机动渔船年末拥有量

地区	2020年			2019年			2020年比2019年增减(±)		
	艘	总吨	千瓦	艘	总吨	千瓦	艘	总吨	千瓦
全国总计	**160 740**	**495 908**	**2 034 902**	**247 951**	**820 046**	**3 370 119**	**-87 211**	**-324 138**	**-1 335 217**
北京	22	103	1 821	22	103	1 821			
天津	1 033	605	3 858	1 588	1 225	11 326	-555	-620	-7 468
河北	1 116	2 212	26 514	1 200	2 646	27 399	-84	-434	-885
山西	193	390	3 081	137	348	2 618	56	42	463
内蒙古	1 242	2 223	18 894	1 253	2 220	18 641	-11	3	253
辽宁	2 239	6 582	26 334	2 473	7 661	35 759	-234	-1 079	-9 425
吉林	4 195	7 282	74 408	4 188	7 060	73 218	7	222	1 190
黑龙江	10 143	16 800	110 664	10 029	16 353	109 238	114	447	1 426
上海	263	2 990	22 610	237	579	4 992	26	2 411	17 618
江苏	29 613	98 570	413 018	49 489	194 804	805 580	-19 876	-96 234	-392 562
浙江	5 467	16 006	72 450	6 152	15 823	75 570	-685	183	-3 120
安徽	7 712	79 279	118 719	11 243	99 737	161 849	-3 531	-20 458	-43 130
福建	3 143	3 588	20 576	3 163	3 615	20 955	-20	-27	-379
江西	9 001	34 811	91 656	28 920	140 726	397 761	-19 919	-105 915	-306 105
山东	26 716	98 375	356 617	27 236	107 681	418 627	-520	-9 306	-62 010
河南	3 787	18 439	65 006	3 937	18 765	67 640	-150	-326	-2 634
湖北	11 036	21 981	94 468	19 743	42 497	180 082	-8 707	-20 516	-85 614
湖南	9 876	17 845	51 559	34 931	79 148	318 448	-25 055	-61 303	-266 889
广东	10 877	27 479	111 395	12 038	27 226	113 518	-1 161	253	-2 123
广西	14 822	18 145	207 769	15 367	18 338	214 003	-545	-193	-6 234
海南	36	130	246	33	1 324	104 662	3	-1 194	-104 416
重庆	2 350	7 668	32 649	3 352	11 093	44 419	-1 002	-3 425	-11 770
四川	630	1 880	13 088	4 429	5 470	42 345	-3 799	-3 590	-29 257
贵州	1 491	3 143	32 813	2 629	4 655	47 318	-1 138	-1 512	-14 505
云南	935	2 618	20 685	1 261	3 846	26 394	-326	-1 228	-5 709
西藏									
陕西	589	1 544	9 228	616	1 659	9 708	-27	-115	-480
甘肃	35	92	1 503	37	100	1 677	-2	-8	-174
青海	1 127	1 198	13 789	1 127	1 198	13 789			
宁夏	26	122	1 843	28	128	1 852	-2	-6	-9
新疆	1 025	3 808	17 641	1 093	4 018	18 910	-68	-210	-1 269

各地区内陆机动渔船年末拥有量(按船长分)

地　区	24米(含)以上			12(含)~24米			12米以下		
	艘	总吨	千瓦	艘	总吨	千瓦	艘	总吨	千瓦
全国总计	**403**	**37 641**	**63 491**	**8 711**	**109 210**	**243 168**	**151 626**	**349 057**	**1 728 243**
北　京				7	79	935	15	24	886
天　津							1 033	605	3 858
河　北	1	81	470	4	38	509	1 111	2 093	25 535
山　西				13	42	330	180	348	2 751
内蒙古				18	525	1 361	1 224	1 698	17 533
辽　宁	8	954	1 446	67	733	4 409	2 164	4 895	20 479
吉　林	10	906	2 064	341	1 678	10 097	3 844	4 698	62 247
黑龙江	19	2 063	5 705	111	1 215	5 664	10 013	13 522	99 295
上　海	7	1 089	4 741	29	1 525	13 446	227	376	4 423
江　苏	154	15 542	21 188	2 143	29 271	72 421	27 316	53 757	319 409
浙　江	4	1 180	803	134	2 343	7 137	5 329	12 483	64 510
安　徽	121	7 142	1 928	930	36 756	29 900	6 661	35 381	86 891
福　建				42	233	636	3 101	3 355	19 940
江　西	7	449	1 997	295	2 616	8 177	8 699	31 746	81 482
山　东	3	179	316	146	378	3 250	26 567	98 176	353 051
河　南	12	904	2 300	990	11 636	18 291	2 785	5 899	44 415
湖　北	6	444	2 748	754	6 380	14 556	10 276	15 157	77 164
湖　南	6	157	1 086	718	1 686	10 838	9 152	16 002	39 635
广　东	28	5 932	11 804	981	5 725	7 130	9 868	15 822	92 461
广　西	2	47	548	138	791	6 620	14 682	17 307	200 601
海　南							36	130	246
重　庆	2	130	786	553	3 049	10 883	1 795	4 489	20 980
四　川	4	210	970	38	414	1 905	588	1 256	10 213
贵　州	3	282	417	95	928	7 344	1 393	1 933	25 052
云　南	4	200	1 774	12	140	1 111	919	2 278	17 800
西　藏									
陕　西				20	369	1 336	569	1 175	7 892
甘　肃				3	15	309	32	77	1 194
青　海							1 127	1 198	13 789
宁　夏							26	122	1 843
新　疆	2	108	400	129	645	4 573	894	3 055	12 668

各地区内陆机动渔船年末拥有量(生产渔船)

地　区	生产渔船			捕捞渔船			养殖渔船		
	艘	总吨	千瓦	艘	总吨	千瓦	艘	总吨	千瓦
全国总计	**156 609**	**460 073**	**1 758 136**	**114 559**	**347 600**	**1 389 872**	**42 050**	**112 473**	**368 264**
北　京									
天　津	1 018	578	3 368	814	307	2 219	204	271	1 149
河　北	1 088	1 974	23 627	1 043	1 905	22 966	45	69	661
山　西	183	337	1 999	125	134	909	58	203	1 090
内蒙古	1 180	1 447	12 616	1 012	1 204	10 350	168	243	2 266
辽　宁	2 184	5 653	19 400	1 921	4 574	14 819	263	1 079	4 581
吉　林	4 068	5 637	65 174	2 643	3 392	40 863	1 425	2 245	24 311
黑龙江	10 009	13 617	93 950	7 549	10 254	68 821	2 460	3 363	25 129
上　海	196	241	1 611	196	241	1 611			
江　苏	28 600	94 377	387 017	20 873	75 445	300 506	7 727	18 932	86 511
浙　江	5 126	14 094	59 937	4 369	10 774	50 081	757	3 320	9 856
安　徽	7 410	76 598	97 071	5 869	51 223	78 314	1 541	25 375	18 757
福　建	3 123	3 501	19 150	2 942	3 218	17 545	181	283	1 605
江　西	8 885	33 380	77 689	3 516	12 722	24 619	5 369	20 658	53 070
山　东	26 656	97 110	350 574	26 224	96 463	343 298	432	647	7 276
河　南	3 674	17 293	56 459	2 887	15 412	45 859	787	1 881	10 600
湖　北	10 762	19 744	69 595	2 913	7 831	18 669	7 849	11 913	50 926
湖　南	9 481	15 679	32 990				9 481	15 679	32 990
广　东	10 660	24 156	95 021	9 832	22 799	91 970	828	1 357	3 051
广　西	14 696	17 163	196 004	13 988	16 079	183 877	708	1 084	12 127
海　南	35	110	233	35	110	233			
重　庆	2 144	6 556	23 593	2 092	6 294	22 996	52	262	597
四　川	546	1 224	5 374				546	1 224	5 374
贵　州	1 386	1 902	21 055	1 223	1 651	18 195	163	251	2 860
云　南	809	1 877	10 066	718	1 693	8 922	91	184	1 144
西　藏									
陕　西	565	1 404	7 099	55	199	488	510	1 205	6 611
甘　肃	22	22	240				22	22	240
青　海	1 112	982	11 660	1 008	765	8 878	104	217	2 782
宁　夏	4	4	83				4	4	83
新　疆	987	3 413	15 481	712	2 911	12 864	275	502	2 617

各地区捕捞机动渔船年末拥有量（按功率分）

地区	44.1千瓦以下			44.1（含）~441千瓦			441千瓦（含）以上		
	艘	总吨	千瓦	艘	总吨	千瓦	艘	总吨	千瓦
全国总计	**197 761**	**866 745**	**2 723 194**	**50 356**	**5 645 620**	**9 123 702**	**3 226**	**1 785 946**	**2 980 765**
北京				6	788	1 480	8	9 358	11 642
天津	919	1 981	4 462	300	25 422	43 005	9	6 091	8 745
河北	2 700	21 137	48 203	1 879	209 283	277 707	3	744	1 323
山西	125	134	909						
内蒙古	1 012	1 204	10 350						
辽宁	12 287	92 826	197 079	4 469	374 279	711 262	411	111 170	303 134
吉林	2 592	3 258	38 270	51	134	2 593			
黑龙江	7 545	10 230	68 625	4	24	196			
上海	202	351	1 901	191	25 883	37 335	74	65 502	89 161
江苏	21 880	77 031	298 364	3 690	315 676	540 987	50	9 285	23 111
浙江	8 830	51 065	124 587	10 620	1 981 491	2 750 621	736	496 618	764 303
安徽	5 759	47 509	67 978	110	3 714	10 336			
福建	14 734	51 377	175 715	6 769	836 553	1 452 649	460	329 768	580 051
江西	3 516	12 722	24 619						
山东	34 523	161 140	487 410	7 983	609 090	1 004 978	361	235 390	428 137
河南	2 853	15 288	44 173	34	124	1 686			
湖北	2 913	7 831	18 669						
湖南									
广东	33 865	138 654	403 580	7 527	547 246	988 458	506	227 906	363 984
广西	19 106	45 164	243 920	1 888	407 030	479 966	107	47 634	58 245
海南	16 603	114 670	395 720	4 746	294 524	790 478	292	113 238	153 566
重庆	2 092	6 294	22 996						
四川									
贵州	1 222	1 615	18 129	1	36	66			
云南	718	1 693	8 922						
西藏									
陕西	55	199	488						
甘肃									
青海	1 008	765	8 878						
宁夏									
新疆	702	2 607	9 247	10	304	3 617			
中农发集团				78	14 019	26 282	209	133 242	195 363

各地区海洋捕捞机动渔船基本情况

地　区	合　计		1.国内海洋捕捞		2. 纳入双控管理渔船数		3.远洋渔船	
	艘	千瓦	艘	千瓦	艘	千瓦	艘	千瓦
全国总计	**136 784**	**13 437 789**	**134 079**	**10 558 711**	**114 956**	**9 953 837**	**2 705**	**2 879 078**
北　京	14	13 122					14	13 122
天　津	414	53 993	398	37 909	355	37 520	16	16 084
河　北	3 539	304 267	3 516	277 688	3 539	304 265	23	26 579
辽　宁	15 246	1 196 656	14 918	879 840	14 558	689 892	328	316 816
上　海	271	126 786	193	27 539	252	42 667	78	99 247
江　苏	4 747	561 956	4 705	547 190	3 669	489 065	42	14 766
浙　江	15 817	3 589 430	15 141	2 828 100	15 754	2 881 415	676	761 330
福　建	19 021	2 190 870	18 540	1 647 518	12 699	1 629 893	481	543 352
山　东	16 643	1 577 227	16 144	926 728	14 905	1 201 788	499	650 499
广　东	32 066	1 664 052	31 824	1 475 002	27 986	1 402 348	242	189 050
广　西	7 113	598 254	7 094	571 666	7 456	572 711	19	26 588
海　南	21 606	1 339 531	21 606	1 339 531	13 783	702 273		
中农发集团	287	221 645					287	221 645

注：统计截至 2020 年 12 月 31 日；海南省未完成入库渔船 4 538 艘、187 395. 11 千瓦未纳入统计。

各地区海洋捕捞机动渔船年末拥有量（按功率分）

地　区	44. 1 千瓦以下			44. 1(含)~441 千瓦			441 千瓦(含)以上		
	艘	总吨	千瓦	艘	总吨	千瓦	艘	总吨	千瓦
全国总计	**85 690**	**554 122**	**1 399 917**	**47 882**	**5 616 131**	**9 066 974**	**3 212**	**1 780 458**	**2 970 898**
北　京				6	788	1 480	8	9 358	11 642
天　津	105	1 674	2 243	300	25 422	43 005	9	6 091	8 745
河　北	1 657	19 232	25 237	1 879	209 283	277 707	3	744	1 323
辽　宁	10 379	88 398	183 328	4 456	374 133	710 194	411	111 170	303 134
上　海	6	110	290	191	25 883	37 335	74	65 502	89 161
江　苏	1 362	23 785	36 057	3 344	295 364	507 008	41	7 398	18 891
浙　江	4 470	40 527	75 196	10 611	1 981 255	2 749 931	736	496 618	764 303
福　建	11 793	48 169	158 273	6 768	836 543	1 452 546	460	329 768	580 051
山　东	9 877	64 525	144 736	6 405	609 242	1 004 354	361	235 390	428 137
广　东	24 351	124 057	319 027	7 214	542 645	986 688	501	224 305	358 337
广　西	5 119	29 085	60 043	1 887	407 030	479 966	107	47 634	58 245
海　南	16 571	114 560	395 487	4 743	294 524	790 478	292	113 238	153 566
中农发集团				78	14 019	26 282	209	133 242	195 363

各地区海洋捕捞机动渔船年末拥有量(按作业类型分)(一)

地　区	拖网			围网			刺网		
	艘	总吨	千瓦	艘	总吨	千瓦	艘	总吨	千瓦
全国总计	**25 936**	**3 341 179**	**5 837 610**	**5 691**	**897 416**	**1 304 006**	**76 019**	**1 990 955**	**3 597 365**
北　京									
天　津	24	5 490	9 180	9	4 608	3 536	356	14 833	28 264
河　北	179	36 659	56 856	40	15 791	15 098	3 320	176 809	232 313
辽　宁	3 481	226 391	608 530	84	3 381	7 892	8 906	285 160	464 681
上　海	197	52 812	70 340	12	20 066	32 279			
江　苏	802	59 377	126 215	35	5 637	5 114	2 939	202 863	354 538
浙　江	5 703	1 072 998	1 658 369	433	139 824	188 231	5 497	483 978	621 392
福　建	2 853	432 351	842 020	1 272	394 470	545 604	8 147	157 814	347 802
山　东	5 235	517 194	917 612	247	72 844	108 495	8 053	158 155	295 772
广　东	4 076	367 105	678 793	1 135	130 107	184 558	21 771	244 040	517 353
广　西	1 807	387 832	467 958	218	2 858	8 862	4 339	24 167	52 186
海　南	1 455	121 108	281 623	2 200	98 903	189 044	12 687	242 992	682 624
中农发集团	124	61 862	120 114	6	8 927	15 293	4	144	440

各地区海洋捕捞机动渔船年末拥有量(按作业类型分)(二)

地　区	张网			钓业			其他		
	艘	总吨	千瓦	艘	总吨	千瓦	艘	总吨	千瓦
全国总计	**10 057**	**375 475**	**563 690**	**9 685**	**1 021 238**	**1 572 818**	**9 396**	**324 448**	**562 300**
北　京	6	788	1 480	8	9 358	11 642			
天　津	12	2 010	3 914	9	6 091	8 745	4	155	354
河　北									
辽　宁	1 184	7 999	18 477	933	45 058	81 380	658	5 712	15 696
上　海	39	1 089	3 219	23	17 528	20 948			
江　苏	880	53 848	69 564	1	25	29	90	4 797	6 496
浙　江	2 443	250 651	327 374	1 021	454 101	648 879	720	116 848	145 185
福　建	2 311	33 316	78 428	1 273	135 963	203 042	3 165	60 566	173 974
山　东	2 052	18 737	39 105	892	136 352	207 041	164	5 875	9 202
广　东	225	2 317	5 162	2 177	104 748	185 216	2 682	42 690	92 970
广　西				254	640	5	495	68 252	69 243
海　南	901	4 224	16 087	2 950	37 974	123 178	1 413	17 121	46 975
中农发集团	4	496	880	144	73 400	82 713	5	2 432	2 205

各地区内陆捕捞机动渔船年末拥有量(按功率分)

地　　区	44.1 千瓦以下			44.1(含)~441 千瓦			441 千瓦(含)以上		
	艘	总吨	千瓦	艘	总吨	千瓦	艘	总吨	千瓦
全国总计	**112 071**	**312 623**	**1 323 277**	**2 474**	**29 489**	**56 728**	**14**	**5 488**	**9 867**
北　京									
天　津	814	307	2 219						
河　北	1 043	1 905	22 966						
山　西	125	134	909						
内蒙古	1 012	1 204	10 350						
辽　宁	1 908	4 428	13 751	13	146	1 068			
吉　林	2 592	3 258	38 270	51	134	2 593			
黑龙江	7 545	10 230	68 625	4	24	196			
上　海	196	241	1 611						
江　苏	20 518	53 246	262 307	346	20 312	33 979	9	1 887	4 220
浙　江	4 360	10 538	49 391	9	236	690			
安　徽	5 759	47 509	67 978	110	3 714	10 336			
福　建	2 941	3 208	17 442	1	10	103			
江　西	3 516	12 722	24 619						
山　东	24 646	96 615	342 674	1 578	-152	624			
河　南	2 853	15 288	44 173	34	124	1 686			
湖　北	2 913	7 831	18 669						
湖　南									
广　东	9 514	14 597	84 553	313	4 601	1 770	5	3 601	5 647
广　西	13 987	16 079	183 877	1					
海　南	32	110	233	3					
重　庆	2 092	6 294	22 996						
四　川									
贵　州	1 222	1 615	18 129	1	36	66			
云　南	718	1 693	8 922						
西　藏									
陕　西	55	199	488						
甘　肃									
青　海	1 008	765	8 878						
宁　夏									
新　疆	702	2 607	9 247	10	304	3 617			

各地区远洋渔船年末拥有量

地　　区	2020 年		2019 年		2020 年比 2019 年增减(±)	
	艘	千瓦	艘	千瓦	艘	千瓦
全国总计	**2 705**	**2 879 078**	**2 701**	**2 846 993**	**4**	**32 085**
北　　京	14	13 122	14	12 867		255
天　　津	16	16 084	16	8 836		7 248
河　　北	23	26 579	23	26 579		
辽　　宁	328	316 816	332	303 393	-4	13 423
上　　海	78	99 247	81	103 448	-3	-4 201
江　　苏	42	14 766	42	14 766		
浙　　江	676	761 330	674	766 572	2	-5 242
福　　建	481	543 352	476	498 096	5	45 256
山　　东	499	650 499	487	659 615	12	-9 116
广　　东	242	189 050	229	188 055	13	995
广　　西	19	26 588	23	28 388	-4	-1 800
海　　南						
中农发集团	287	221 645	304	236 378	-17	-14 733

各地区辅助渔船年末拥有量

地区	合计			其中					
				捕捞辅助船			渔业执法船		
	艘	总吨	千瓦	艘	总吨	千瓦	艘	总吨	千瓦
全国总计	**14 605**	**1 090 256**	**2 315 837**	**10 953**	**994 099**	**1 607 350**	**2 810**	**81 159**	**676 281**
北　　京	22	103	1 821				22	103	1 821
天　　津	56	3 194	10 949	45	2 273	6 867	9	240	4 082
河　　北	737	24 154	64 385	698	22 503	55 782	35	1 583	8 397
山　　西	10	53	1 082				10	53	1 082
内 蒙 古	62	776	6 278	10	276	670	52	500	5 608
辽　　宁	766	63 089	187 624	646	53 517	132 136	106	9 572	55 488
吉　　林	127	1 645	9 234	22	27	128	91	1 591	8 872
黑 龙 江	134	3 183	16 714				106	3 022	15 530
上　　海	109	24 348	53 764	31	18 948	22 116	78	5 400	31 648
江　　苏	1 233	27 128	98 424	985	21 494	45 582	248	5 634	52 842
浙　　江	2 516	512 205	842 683	2 128	494 352	704 222	174	15 297	133 864
安　　徽	302	2 681	21 648	142	759	4 508	160	1 922	17 140
福　　建	2 163	203 053	344 236	1 846	193 095	292 532	76	5 009	44 430
江　　西	116	1 431	13 967	10	27	29	106	1 404	13 938
山　　东	453	117 230	179 365	321	108 572	120 582	124	8 106	57 981
河　　南	113	1 146	8 547				113	1 146	8 547
湖　　北	274	2 237	24 873	48	143	409	226	2 094	24 464
湖　　南	395	2 166	18 569				242	1 637	15 897
广　　东	3 191	75 333	274 929	2 822	64 142	183 784	225	6 058	77 304
广　　西	998	13 601	60 882	848	7 093	18 454	143	6 246	42 047
海　　南	195	6 811	27 275	176	6 089	17 666	19	722	9 609
重　　庆	206	1 112	9 056	126	428	1 238	80	684	7 818
四　　川	84	656	7 714				79	645	7 520
贵　　州	105	1 241	11 758	1	5	62	102	1 173	11 155
云　　南	126	741	10 619	43	202	414	83	538	10 205
西　　藏									
陕　　西	24	140	2 129				20	135	2 069
甘　　肃	13	70	1 263				11	70	1 043
青　　海	15	216	2 129				15	216	2 129
宁　　夏	22	118	1 760				22	118	1 760
新　　疆	38	395	2 160	5	154	169	33	241	1 991

各地区海洋辅助渔船年末拥有量

地　区	合　计			其　中					
				捕捞辅助船			渔业执法船		
	艘	总吨	千瓦	艘	总吨	千瓦	艘	总吨	千瓦
全国总计	**10 474**	**1 054 421**	**2 039 071**	**9 438**	**986 616**	**1 579 301**	**536**	**56 831**	**427 458**
北　京									
天　津	41	3 167	10 459	38	2 249	6 767	3	918	3 692
河　北	709	23 916	61 498	698	22 503	55 782	10	1 362	5 598
辽　宁	711	62 160	180 690	620	53 205	129 004	77	8 828	51 447
上　海	42	21 599	32 765	29	18 862	21 783	13	2 737	10 982
江　苏	220	22 935	72 423	196	18 388	40 740	24	4 547	31 683
浙　江	2 175	510 293	830 170	1 997	494 023	702 008	83	14 984	124 888
福　建	2 143	202 966	342 810	1 842	193 077	287 766	60	4 779	41 744
山　东	393	115 965	173 322	321	108 572	120 582	67	7 223	51 200
广　东	2 974	72 010	258 555	2 692	62 604	179 565	138	5 343	65 149
广　西	872	12 619	49 117	830	7 064	17 651	42	5 388	31 466
海　南	194	6 791	27 262	175	6 069	17 653	19	722	9 609

各地区内陆辅助渔船年末拥有量

地区	合计			其中					
				捕捞辅助船			渔业执法船		
	艘	总吨	千瓦	艘	总吨	千瓦	艘	总吨	千瓦
全国总计	**4 131**	**35 835**	**276 766**	**1 515**	**7 483**	**28 049**	**2 274**	**24 328**	**248 823**
北京	22	103	1 821				22	103	1 821
天津	15	27	490	7	24	100	6	-678	390
河北	28	238	2 887				25	221	2 799
山西	10	53	1 082				10	53	1 082
内蒙古	62	776	6 278	10	276	670	52	500	5 608
辽宁	55	929	6 934	26	312	3 132	29	744	4 041
吉林	127	1 645	9 234	22	27	128	91	1 591	8 872
黑龙江	134	3 183	16 714				106	3 022	15 530
上海	67	2 749	20 999	2	86	333	65	2 663	20 666
江苏	1 013	4 193	26 001	789	3 106	4 842	224	1 087	21 159
浙江	341	1 912	12 513	131	329	2 214	91	313	8 976
安徽	302	2 681	21 648	142	759	4 508	160	1 922	17 140
福建	20	87	1 426	4	18	4 766	16	230	2 686
江西	116	1 431	13 967	10	27	29	106	1 404	13 938
山东	60	1 265	6 043				57	883	6 781
河南	113	1 146	8 547				113	1 146	8 547
湖北	274	2 237	24 873	48	143	409	226	2 094	24 464
湖南	395	2 166	18 569				242	1 637	15 897
广东	217	3 323	16 374	130	1 538	4 219	87	715	12 155
广西	126	982	11 765	18	29	803	101	858	10 581
海南	1	20	13	1	20	13			
重庆	206	1 112	9 056	126	428	1 238	80	684	7 818
四川	84	656	7 714				79	645	7 520
贵州	105	1 241	11 758	1	5	62	102	1 173	11 155
云南	126	741	10 619	43	202	414	83	538	10 205
西藏									
陕西	24	140	2 129				20	135	2 069
甘肃	13	70	1 263				11	70	1 043
青海	15	216	2 129				15	216	2 129
宁夏	22	118	1 760				22	118	1 760
新疆	38	395	2 160	5	154	169	33	241	1 991

各地区非机动渔船年末拥有量

地　　区	合　　计		海洋渔业非机动渔船		内陆渔业非机动渔船	
	艘	总吨	艘	总吨	艘	总吨
全国总计	**188 505**	**262 511**	**3 804**	**9 604**	**184 701**	**252 907**
北　京	217	217			217	217
天　津	1 146	540			1 146	540
河　北	1 959	1 155			1 959	1 155
山　西	37	20			37	20
内蒙古	168	133			168	133
辽　宁	2 271	3 038	310	282	1 961	2 756
吉　林	2 353	1 506			2 353	1 506
黑龙江	1 481	997			1 481	997
上　海	38	1 482	1	1 458	37	24
江　苏	68 838	143 851	150	331	68 688	143 520
浙　江	15 079	19 584	179	197	14 900	19 387
安　徽	12 640	25 024			12 640	25 024
福　建	1 705	1 432	1 597	1 343	108	89
江　西	15 532	15 173			15 532	15 173
山　东	31 091	15 790	10	5	31 081	15 785
河　南	4 800	3 780			4 800	3 780
湖　北	17 592	14 872			17 592	14 872
湖　南	4 920	3 897			4 920	3 897
广　东	1 864	6 178	1 523	5 882	341	296
广　西	279	84			279	84
海　南	34	106	34	106		
重　庆	425	295			425	295
四　川	654	308			654	308
贵　州	85	10			85	10
云　南	2 440	2 449			2 440	2 449
西　藏	25	74			25	74
陕　西	268	225			268	225
甘　肃	29	29			29	29
青　海	40	40			40	40
宁　夏	153	121			153	121
新　疆	342	101			342	101

各地区渔业基础设施情况

单位：个

地　　区	国家级水产原良种场	渔港合计	沿海中心渔港	沿海一级渔港	沿海二级渔港	沿海三级渔港	未评级渔港
全国总计	**85**	**1 089**	**67**	**91**	**211**	**381**	**339**
北　京	3						
天　津	2	5					5
河　北	4	30	5	5	8	5	7
山　西	1						
内蒙古	1						
辽　宁	1	71	2	9	27	13	20
吉　林	1						
黑龙江	1						
上　海	1	1		1			
江　苏	7	44	6	6	4		28
浙　江	6	129	9	13	28	32	47
安　徽	3						
福　建	1	234	9	13	52	160	
江　西	4						
山　东	12	177	9	11	6	80	71
河　南							
湖　北	12						
湖　南	4						
广　东	5	107	9	11	29	39	19
广　西	2	15	4	5	6		
海　南	2	50	6	5	13	11	15
重　庆	1						
四　川	2						
贵　州							
云　南							
西　藏							
陕　西	1						
甘　肃	1						
青　海	1						
宁　夏							
新　疆							
大　连	4	99	4	6	30	22	37
青　岛	1	61	2	2		4	53
宁　波	1	57	1	3	7	14	32
厦　门		3	1				2
深　圳		6		1	1	1	3

注：在渔港数据中，辽宁、浙江、山东、福建、广东等省统计数据不包含计划单列市数据。

3-4 渔业人口

全国渔业人口与从业人员

指　标	计量单位	2020 年	2019 年	2020 年比 2019 年增减(±)	其中:海洋渔业		
					2020 年	2019 年	2020 年比 2019 年增减(±)
1. 渔业乡	个	694	718	-24	379	389	-10
2. 渔业村	个	7 120	7 550	-430	3 271	3 390	-119
3. 渔业户	户	4 391 007	4 636 828	-245 821	1 335 965	1 350 826	-14 861
4. 渔业人口	人	17 207 654	18 282 027	-1 074 373	5 257 826	5 350 029	-92 203
其中:传统渔民	人	5 554 348	6 004 984	-450 636	2 720 313	2 856 694	-136 381
5. 渔业从业人员	人	12 395 858	12 916 952	-521 094	3 494 297	3 644 062	-149 765
(1)专业从业人员	人	6 664 892	7 021 090	-356 198	2 145 665	2 214 152	-68 487
其中:女性	人	1 276 745	1 357 365	-80 620	313 309	343 035	-29 726
其中:捕捞	人	1 298 588	1 530 996	-232 408	890 633	921 283	-30 650
养殖	人	4 575 402	4 663 678	-88 276	888 844	900 938	-12 094
其他	人	790 902	826 416	-35 514	366 188	391 931	-25 743
(2)兼业从业人员	人	4 188 354	4 335 816	-147 462	793 241	867 802	-74 561
(3)临时从业人员	人	1 542 612	1 560 046	-17 434	555 391	562 108	-6 717

各地区渔业人口与从业人员(一)

地　　区	1. 渔业乡（个）	2. 渔业村（个）	3. 渔业户（户）	4. 渔业人口(人)		5. 渔业从业人员(人)
				小　计	其中:传统渔民	
全国总计	**694**	**7 120**	**4 391 007**	**17 207 654**	**5 554 348**	**12 395 858**
北　　京	8	32	1 910	4 926	1 060	5 506
天　　津		4	8 879	29 360	11 026	19 696
河　　北	28	158	51 280	219 881	134 090	179 281
山　　西			1 019	4 890		5 024
内 蒙 古	4	31	6 865	37 157	4 886	25 600
辽　　宁	127	670	176 142	695 471	304 115	524 256
吉　　林	1	4	22 176	83 982	912	68 248
黑 龙 江			46 224	168 779	143 462	118 535
上　　海		14	5 555	16 948	7 660	12 269
江　　苏	31	479	282 759	1 164 873	340 700	951 493
浙　　江	91	647	297 961	969 812	369 537	654 384
安　　徽	9	91	152 556	649 676	172 450	558 577
福　　建	51	563	400 125	1 621 849	842 178	888 620
江　　西	11	181	223 666	1 062 434	222 668	789 689
山　　东	94	1 198	423 776	1 538 003	596 127	1 253 687
河　　南	23	364	117 353	460 493	23 466	380 980
湖　　北	63	863	449 954	1 453 979	520 113	1 127 480
湖　　南	5	235	238 024	1 048 481	128 978	828 888
广　　东	81	896	499 564	2 167 910	964 728	1 214 032
广　　西	14	205	225 931	1 011 999	308 105	809 371
海　　南	22	272	80 690	384 057	179 477	221 974
重　　庆		6	121 316	401 803	6 680	334 694
四　　川	30	169	439 544	1 497 240	184 393	1 031 356
贵　　州		2	29 398	152 971	6 740	76 354
云　　南			61 954	255 566	65 009	224 849
西　　藏		1	35	138	138	138
陕　　西	1	33	19 534	67 686	11 281	56 993
甘　　肃			1 968	9 117	449	7 843
青　　海			106	3 750		3 504
宁　　夏			1 588	7 850		9 000
新　　疆		2	3 155	16 573	3 920	13 537

各地区渔业人口与从业人员(二)

单位:人

地　区	5.渔业从业人员(续)						
	(1)专业从业人员					(2)兼业从业人员	(3)临时从业人员
	合　计	其中:女性	a. 捕捞	b. 养殖	c. 其他		
全国总计	**6 664 892**	**1 276 745**	**1 298 588**	**4 575 402**	**790 902**	**4 188 354**	**1 542 612**
北　京	3 781	945	652	2 495	634	1 497	228
天　津	12 805	232	2 392	10 035	378	5 714	1 177
河　北	84 471	17 206	32 633	38 604	13 234	31 437	63 373
山　西	2 811	632	456	2 166	189	1 370	843
内蒙古	14 238	3 098	3 811	8 685	1 742	8 694	2 668
辽　宁	329 973	42 774	112 266	183 567	34 140	120 522	73 761
吉　林	18 232	2 563	3 869	12 880	1 483	43 907	6 109
黑龙江	78 594	27 508	18 538	51 140	8 916	32 641	7 300
上　海	11 022	999	3 268	7 375	379	801	446
江　苏	546 624	126 752	100 960	406 469	39 195	281 880	122 989
浙　江	404 127	72 259	145 419	160 479	98 229	149 590	100 667
安　徽	269 502	58 265	35 299	206 265	27 938	214 059	75 016
福　建	545 493	87 682	175 620	297 075	72 798	266 515	76 612
江　西	356 085	65 000	12 409	288 033	55 643	331 074	102 530
山　东	635 075	115 815	186 028	304 064	144 983	267 551	351 061
河　南	168 113	40 346	19 407	129 285	19 421	181 395	31 472
湖　北	751 431	184 420	18 801	686 323	46 307	261 296	114 753
湖　南	371 854	84 957		343 434	28 420	396 365	60 669
广　东	788 238	130 145	218 339	503 038	66 861	354 815	70 979
广　西	406 904	50 906	64 823	302 862	39 219	316 153	86 314
海　南	184 731	26 802	110 947	54 109	19 675	30 185	7 058
重　庆	168 257	55 401	5 632	150 292	12 333	119 871	46 566
四　川	352 896	57 604	4 012	304 296	44 588	606 139	72 321
贵　州	23 612	2 910	2 651	17 027	3 934	38 000	14 742
云　南	83 282	14 753	14 700	63 771	4 811	99 428	42 139
西　藏	60		60			78	
陕　西	32 804	4 051	1 128	27 730	3 946	18 280	5 909
甘　肃	3 505	501	326	2 903	276	2 968	1 370
青　海	2 523	227	2 124	349	50	931	50
宁　夏	4 960	872	338	4 151	471	2 650	1 390
新　疆	8 889	1 120	1 680	6 500	709	2 548	2 100

各地区海洋渔业人口与从业人员(一)

地　区	1. 渔业乡(个)	2. 渔业村(个)	3. 渔业户(户)	4. 渔业人口(人)		5. 渔业从业人员(人)
				小　计	其中:传统渔民	
全国总计	**379**	**3 271**	**1 335 965**	**5 257 826**	**2 720 313**	**3 494 297**
北　京						249
天　津		3	2 284	5 938	2 589	2 717
河　北	11	67	36 315	141 540	109 902	130 871
山　西						
内蒙古						
辽　宁	72	328	116 011	491 266	222 915	337 363
吉　林						
黑龙江						
上　海		7	1 578	4 615	4 141	3 315
江　苏	11	89	35 209	223 203	82 906	162 136
浙　江	79	516	199 144	602 449	272 345	350 642
安　徽						
福　建	51	545	330 221	1 332 451	764 460	710 852
江　西						
山　东	61	803	286 019	884 689	392 819	897 079
河　南						
湖　北						
湖　南						
广　东	70	576	195 571	948 251	625 247	467 377
广　西	5	110	64 877	312 853	87 096	264 415
海　南	19	227	68 736	310 571	155 893	167 281
重　庆						
四　川						
贵　州						
云　南						
西　藏						
陕　西						
甘　肃						
青　海						
宁　夏						
新　疆						

各地区海洋渔业人口与从业人员(二)

单位:人

地　区	5. 渔业从业人员(续)						
	(1)专业从业人员					(2)兼业从业人员	(3)临时从业人员
	合　计	其中:女性	a. 捕捞	b. 养殖	c. 其他		
全国总计	**2 145 665**	**313 309**	**890 633**	**888 844**	**366 188**	**793 241**	**555 391**
北　京	249		218		31		
天　津	1 987	60	1 023	922	42	650	80
河　北	59 924	2 826	24 134	23 693	12 097	12 748	58 199
山　西							
内蒙古							
辽　宁	225 587	27 232	99 534	103 702	22 351	58 856	52 920
吉　林							
黑龙江							
上　海	3 182	55	2 892	8	282	5	128
江　苏	91 249	21 643	43 894	39 274	8 081	54 202	16 685
浙　江	242 936	32 788	121 948	49 551	71 437	53 017	54 689
安　徽							
福　建	452 935	75 233	163 871	225 055	64 009	191 736	66 181
江　西							
山　东	402 018	70 749	122 822	158 439	120 757	242 782	252 279
河　南							
湖　北							
湖　南							
广　东	341 251	47 105	178 840	121 698	40 713	99 720	26 406
广　西	180 222	13 520	37 715	131 893	10 614	62 388	21 805
海　南	144 125	22 098	93 742	34 609	15 774	17 137	6 019
重　庆							
四　川							
贵　州							
云　南							
西　藏							
陕　西							
甘　肃							
青　海							
宁　夏							
新　疆							

第四部分

加工与贸易

4-1　水产品加工

全国水产加工情况

指　　标	计量单位	2020 年	2019 年	2020 年比 2019 年增减(±)	
				绝对量	幅度(%)
1. 水产加工企业	个	9 136	9 323	-187	-2.01
水产品加工能力	吨/年	28 534 343	28 882 019	-347 676	-1.20
其中:规模以上加工企业	个	2 513	2 570	-57	-2.22
2. 水产冷库	座	8 188	8 056	132	1.64
冻结能力	吨/日	882 134	930 543	-48 409	-5.20
冷藏能力	吨/次	4 643 754	4 620 653	23 101	0.50
制冰能力	吨/日	214 863	208 177	6 686	3.21
3. 水产加工品总量	吨	20 907 861	21 714 136	-806 275	-3.71
淡水加工产品	吨	4 115 121	3 953 244	161 877	4.09
海水加工产品	吨	16 792 740	17 760 892	-968 152	-5.45
(1)水产冷冻品	吨	14 759 139	15 322 657	-563 518	-3.68
其中:冷冻品	吨	7 600 877	7 938 585	-337 708	-4.25
冷冻加工品	吨	7 158 262	7 384 072	-225 810	-3.06
(2)鱼糜制品及干腌制品	吨	2 650 891	2 915 215	-264 324	-9.07
其中:鱼糜制品	吨	1 267 727	1 393 957	-126 230	-9.06
干腌制品	吨	1 383 164	1 521 258	-138 094	-9.08
(3)藻类加工品	吨	1 048 090	1 151 716	-103 626	-9.00
(4)罐制品	吨	329 857	354 145	-24 288	-6.86
(5)水产饲料(鱼粉)	吨	707 638	699 008	8 630	1.23
(6)鱼油制品	吨	53 243	48 991	4 252	8.68
(7)其他水产加工品	吨	1 116 003	1 103 978	12 025	1.09
其中:助剂和添加剂	吨	40 848	67 845	-26 997	-39.79
珍珠	千克	27 943	166 710	-138 767	-83.24
4. 用于加工的水产品总量	吨	24 771 592	26 499 616	-1 728 024	-6.52
其中:淡水产品	吨	5 241 770	5 581 716	-339 946	-6.09
海水产品	吨	19 529 822	20 917 900	-1 388 078	-6.64
5. 部分水产品年加工量	吨	1 782 023	1 728 887	53 136	3.07
其中:对虾	吨	490 773	487 141	3 632	0.75
克氏原螯虾	吨	566 102	509 938	56 164	11.01
罗非鱼	吨	549 463	559 876	-10 413	-1.86
鳗鱼	吨	129 160	122 454	6 706	5.48
斑点叉尾鮰	吨	46 525	49 478	-2 953	-5.97

各地区水产加工品总量

单位:吨

地区	2020年		2019年		2020年比2019年增减(±)			
					绝对量		幅度(%)	
	水产加工品总量	其中:淡水加工产品	水产加工品总量	其中:淡水加工产品	水产加工品总量	其中:淡水加工产品	水产加工品总量	其中:淡水加工产品
全国总计	**20 907 861**	**4 115 121**	**21 714 136**	**3 953 244**	**-806 275**	**161 877**	**-3.71**	**4.09**
北京	2 425	1 642	2 312	1 670	113	-28	4.89	-1.68
天津	1 400	1 400	1 822	1 312	-422	88	-23.16	6.71
河北	98 451	13 985	84 057	12 633	14 394	1 352	17.12	10.70
山西	785	295	1 050	350	-265	-55	-25.24	-15.71
内蒙古	3 366	3 366	5 581	5 581	-2 215	-2 215	-39.69	-39.69
辽宁	2 333 821	27 844	2 390 997	36 150	-57 176	-8 306	-2.39	-22.98
吉林	254 549	1 474	261 593	1 491	-7 044	-17	-2.69	-1.14
黑龙江	10 442	10 442	12 199	12 199	-1 757	-1 757	-14.40	-14.40
上海	2 430	338	13 183	9 748	-10 753	-9 410	-81.57	-96.53
江苏	1 286 801	645 015	1 287 053	641 343	-252	3 672	-0.02	0.57
浙江	1 857 099	68 785	1 988 206	81 617	-131 107	-12 832	-6.59	-15.72
安徽	209 008	204 177	202 278	197 486	6 730	6 691	3.33	3.39
福建	3 704 087	192 471	4 297 124	189 286	-593 037	3 185	-13.80	1.68
江西	371 737	371 737	364 888	364 888	6 849	6 849	1.88	1.88
山东	6 464 797	118 904	6 684 339	103 995	-219 542	14 909	-3.28	14.34
河南	19 831	19 831	19 905	19 905	-74	-74	-0.37	-0.37
湖北	1 538 116	1 538 116	1 311 295	1 311 295	226 821	226 821	17.30	17.30
湖南	218 561	218 561	219 485	219 485	-924	-924	-0.42	-0.42
广东	1 454 584	396 997	1 350 100	330 257	104 484	66 740	7.74	20.21
广西	745 052	123 930	741 751	124 017	3 301	-87	0.45	-0.07
海南	257 802	83 094	398 589	212 207	-140 787	-129 113	-35.32	-60.84
重庆	584	584	543	543	41	41	7.55	7.55
四川	3 921	3 921	4 688	4 688	-767	-767	-16.36	-16.36
贵州	4 929	4 929	1 802	1 802	3 127	3 127	173.53	173.53
云南	32 068	32 068	31 395	31 395	673	673	2.14	2.14
西藏								
陕西	1 150	1 150	1 100	1 100	50	50	4.55	4.55
甘肃								
青海	28 000	28 000	28 000	28 000				
宁夏								
新疆	2 065	2 065	8 801	8 801	-6 736	-6 736	-76.54	-76.54

各地区水产加工品总量(按品种分)(一)

单位:吨

地　　区	水产加工品总量	淡水加工品	海水加工品	1. 水产冷冻品	冷冻品	冷冻加工品
全国总计	**20 907 861**	**4 115 121**	**16 792 740**	**14 759 139**	**7 600 877**	**7 158 262**
北　京	2 425	1 642	783	2 425		2 425
天　津	1 400	1 400		1 400	1 400	
河　北	98 451	13 985	84 466	70 494	37 247	33 247
山　西	785	295	490	785	295	490
内蒙古	3 366	3 366		2 218	2 148	70
辽　宁	2 333 821	27 844	2 305 977	1 736 903	618 462	1 118 441
吉　林	254 549	1 474	253 075	236 514	150 345	86 169
黑龙江	10 442	10 442		6 055	6 055	
上　海	2 430	338	2 092	2 430	238	2 192
江　苏	1 286 801	645 015	641 786	635 516	418 195	217 321
浙　江	1 857 099	68 785	1 788 314	1 440 505	1 001 663	438 842
安　徽	209 008	204 177	4 831	165 304	69 509	95 795
福　建	3 704 087	192 471	3 511 616	2 500 927	1 444 140	1 056 787
江　西	371 737	371 737		132 931	57 925	75 006
山　东	6 464 797	118 904	6 345 893	4 962 928	2 692 903	2 270 025
河　南	19 831	19 831		18 462	6 553	11 909
湖　北	1 538 116	1 538 116		731 608	278 857	452 751
湖　南	218 561	218 561		149 658	77 538	72 120
广　东	1 454 584	396 997	1 057 587	1 041 549	421 060	620 489
广　西	745 052	123 930	621 122	652 727	168 817	483 910
海　南	257 802	83 094	174 708	225 544	119 643	105 901
重　庆	584	584		318	250	68
四　川	3 921	3 921		2 901	681	2 220
贵　州	4 929	4 929		4 065	2 000	2 065
云　南	32 068	32 068		21 322	11 603	9 719
西　藏						
陕　西	1 150	1 150		1 150	1 150	
甘　肃						
青　海	28 000	28 000		11 000	11 000	
宁　夏						
新　疆	2 065	2 065		1 500	1 200	300

各地区水产加工品总量(按品种分)(二)

单位:吨

地区	2. 鱼糜制品及干腌制品	鱼糜制品	干腌制品	3. 藻类加工品	4. 罐制品	5. 鱼粉
全国总计	**2 650 891**	**1 267 727**	**1 383 164**	**1 048 090**	**329 857**	**707 638**
北京						
天津						
河北	2 808		2 808		7 070	16 725
山西						
内蒙古	638		638	440	70	
辽宁	133 152	43 802	89 350	255 232	20 142	58 466
吉林	17 905	4 168	13 737		130	
黑龙江	2 217	43	2 174			
上海						
江苏	124 581	23 374	101 207	26 081	18 784	1 441
浙江	167 496	79 901	87 595	33 323	47 002	139 650
安徽	38 386	17 638	20 748		5 303	
福建	598 889	335 703	263 186	339 154	33 390	24 207
江西	209 868	71 862	138 006	1 422	14 182	
山东	600 972	327 549	273 423	386 288	125 945	265 735
河南	1 364	317	1 047		2	3
湖北	460 481	230 285	230 196		11 104	89 340
湖南	60 970	20 766	40 204	840	3 429	2 200
广东	180 848	89 776	91 072	4 655	41 562	80 151
广西	37 262	18 248	19 014		669	
海南	4 658	2 081	2 577			10 500
重庆	256	21	235		10	
四川	948	280	668		27	
贵州	864	41	823			
云南	6 123	1 787	4 336	655	686	2 220
西藏						
陕西						
甘肃						
青海						17 000
宁夏						
新疆	205	85	120		350	

各地区水产加工品总量(按品种分)(三)

单位:吨

地　　区	6. 鱼油制品	7. 其他水产加工品	其　中	
			助剂和添加剂	珍珠(千克)
全国总计	**53 243**	**1 116 003**	**40 848**	**27 943**
北　　京				
天　　津				
河　　北	74	1 280		
山　　西				
内 蒙 古				
辽　　宁	1 860	128 066		
吉　　林				
黑 龙 江		2 170		
上　　海				
江　　苏		480 398	215	6 000
浙　　江	896	28 227	4 796	980
安　　徽		15		15 000
福　　建	14 000	193 520	9 937	
江　　西	134	13 200		45
山　　东	35 167	87 762	20 947	
河　　南				
湖　　北		2 583	240	
湖　　南	5	1 459	205	2 350
广　　东	47	105 772		3 568
广　　西		54 394	4 498	
海　　南		17 100		
重　　庆				
四　　川		45		
贵　　州				
云　　南	1 060	2		
西　　藏				
陕　　西				
甘　　肃				
青　　海				
宁　　夏				
新　　疆		10	10	

各地区用于加工的水产品量

单位:吨

地　　区	用于加工的水产品量	淡水产品	海水产品
全国总计	**24 771 592**	**5 241 770**	**19 529 822**
北　　京	2 625	1 842	783
天　　津	1 500	1 500	
河　　北	186 186	14 255	171 931
山　　西	995	505	490
内 蒙 古	5 282	5 282	
辽　　宁	3 444 910	26 392	3 418 518
吉　　林	287 552	1 602	285 950
黑 龙 江	24 433	24 433	
上　　海	2 430	338	2 092
江　　苏	1 466 890	725 953	740 937
浙　　江	1 651 576	82 561	1 569 015
安　　徽	268 867	262 629	6 238
福　　建	4 388 835	208 090	4 180 745
江　　西	678 577	678 577	
山　　东	7 344 779	85 250	7 259 529
河　　南	33 593	33 593	
湖　　北	1 915 405	1 915 405	
湖　　南	235 311	235 311	
广　　东	1 660 646	543 320	1 117 326
广　　西	746 654	163 835	582 819
海　　南	347 883	154 434	193 449
重　　庆	1 072	1 072	
四　　川	5 144	5 144	
贵　　州	4 995	4 995	
云　　南	49 632	49 632	
西　　藏			
陕　　西	1 120	1 120	
甘　　肃			
青　　海	13 000	13 000	
宁　　夏			
新　　疆	1 700	1 700	

各地区水产品加工企业、冷库基本情况

地区	水产品加工企业			水产品冷库			
	小计（个）	水产品加工能力（吨/年）	其中：规模以上加工企业（个）	数量（座）	冻结能力（吨/日）	冷藏能力（吨/次）	制冰能力（吨/日）
全国总计	**9 136**	**28 534 343**	**2 513**	**8 188**	**882 134**	**4 643 754**	**214 863**
北京	2	2 200	1	11	29	27 334	2
天津	1	1 500	1	1	5	200	
河北	223	316 658	35	236	6 703	60 326	4 443
山西	2	1 100	1	4	5	253	5
内蒙古	26	6 950	21	30	340	2 234	227
辽宁	873	2 914 809	316	608	64 955	598 513	18 093
吉林	101	306 495	39	50	230 374	231 780	115
黑龙江	17	12 515		17	465	1 010	450
上海	6	15 105	1	14	441	3 492	164
江苏	1 084	2 345 734	318	1 132	39 504	191 970	25 151
浙江	1 862	2 467 839	288	1 168	43 518	864 814	29 277
安徽	168	280 310	84	475	14 586	45 704	2 009
福建	1 161	5 155 699	387	822	108 270	540 809	18 265
江西	172	296 002	42	189	2 221	22 260	3 062
山东	1 700	8 274 124	520	1 909	200 315	1 287 133	52 149
河南	44	67 561	8	84	1 493	17 490	618
湖北	251	1 810 855	111	384	74 806	171 273	5 468
湖南	172	391 301	58	230	44 767	90 564	3 683
广东	944	2 240 247	178	566	26 024	366 984	43 552
广西	186	1 059 992	62	44	1 837	95 618	3 193
海南	33	316 229	10	57	3 510	5 246	3 928
重庆	8	3 225	4	18	12 837	5 412	46
四川	13	31 540	8	37	1 696	5 576	680
贵州	22	5 808	1	5	28	195	10
云南	48	172 175	14	61	1 955	3 914	258
西藏							
陕西	4	870	1	4	100	50	3
甘肃							
青海	2	13 000					
宁夏	1	10 000	1	5	500	800	
新疆	10	14 500	3	27	850	2 800	12

4-2 水产品贸易

各地区水产品进出口贸易情况

单位:万美元,吨

地　　区	2020 年进出口		2019 年进出口		2020 年比 2019 年增减(±)			
					绝对量		幅度(%)	
	金额	数量	金额	数量	金额	数量	金额	数量
全国总计	**3 460 558.87**	**9 490 430**	**3 935 379.33**	**10 531 941**	**-474 820.46**	**-1 041 511**	**-12.07**	**-9.89**
北　　京	171 793.90	643 151	279 604.81	821 014	-107 810.91	-177 863	-38.56	-21.66
天　　津	69 731.60	170 645	84 706.02	190 140	-14 974.41	-19 495	-17.68	-10.25
河　　北	35 879.03	77 985	42 824.22	94 248	-6 945.19	-16 263	-16.22	-17.26
山　　西	97.06	60	36.80	116	60.26	-56	163.74	-47.97
内 蒙 古	146.17	314	7 225.27	3 651	-7 079.10	-3 337	-97.98	-91.39
辽　　宁	426 200.82	1 773 793	519 139.25	2 074 561	-92 938.43	-300 768	-17.90	-14.50
吉　　林	34 591.05	79 272	42 045.78	98 621	-7 454.73	-19 348	-17.73	-19.62
黑 龙 江	2 173.90	3 050	2 353.33	4 185	-179.42	-1 134	-7.62	-27.11
上　　海	191 097.82	252 237	238 464.70	322 921	-47 366.88	-70 684	-19.86	-21.89
江　　苏	68 044.75	129 614	77 227.31	144 004	-9 182.56	-14 391	-11.89	-9.99
浙　　江	253 138.40	709 423	278 825.10	776 167	-25 686.69	-66 743	-9.21	-8.60
安　　徽	12 320.20	63 320	18 848.14	90 488	-6 527.94	-27 167	-34.63	-30.02
福　　建	801 122.43	1 846 333	750 471.71	1 841 957	50 650.72	4 376	6.75	0.24
江　　西	10 395.37	7 754	16 159.58	25 890	-5 764.21	-18 136	-35.67	-70.05
山　　东	711 905.31	2 112 175	857 889.25	2 455 363	-145 983.94	-343 188	-17.02	-13.98
河　　南	3 605.21	8 102	4 505.79	7 214	-900.58	887	-19.99	12.30
湖　　北	7 907.59	19 767	16 845.77	34 875	-8 938.18	-15 108	-53.06	-43.32
湖　　南	42 397.35	44 678	24 025.23	29 733	18 372.12	14 945	76.47	50.26
广　　东	500 998.15	1 104 204	546 683.69	1 128 352	-45 685.54	-24 148	-8.36	-2.14
广　　西	35 763.02	131 510	32 205.99	100 833	3 557.04	30 676	11.04	30.42
海　　南	48 706.16	183 168	52 529.20	177 031	-3 823.04	6 136	-7.28	3.47
重　　庆	3 670.05	18 239	6 572.50	21 000	-2 902.45	-2 761	-44.16	-13.15
四　　川	14 986.08	50 723	13 990.45	32 911	995.63	17 813	7.12	54.12
贵　　州	172.76	17	359.22	25	-186.45	-8	-51.91	-32.41
云　　南	4 486.02	11 136	4 858.89	8 470	-372.86	2 666	-7.67	31.47
西　　藏	71.30	222	54.31	90	16.99	132	31.28	147.25
陕　　西	479.46	1 507	7 935.02	12 725	-7 455.56	-11 218	-93.96	-88.15
甘　　肃	974.90	1 532	19.70	67	955.19	1 466	4 847.64	2 203.25
青　　海	209.56	371			209.56	371		
宁　　夏	96.33	114	1 313.58	2 407	-1 217.25	-2 293	-92.67	-95.26
新　　疆	7 397.11	46 011	7 658.74	32 881	-261.63	13 130	-3.42	39.93

各地区水产品出口贸易情况

单位:万美元,吨

地　区	2020 年出口		2019 年出口		2020 年比 2019 年增减(±)			
					绝对量		幅度(%)	
	金额	数量	金额	数量	金额	数量	金额	数量
全国总计	**1 904 089.48**	**3 811 795**	**2 065 312.47**	**4 266 786**	**-161 222.99**	**-454 991**	**-7.81**	**-10.66**
北　京	2 156.93	2 815	1 931.30	2 491	225.63	324	11.68	12.99
天　津	2 662.66	4 760	1 824.69	3 040	837.97	1 720	45.92	56.56
河　北	18 599.13	26 286	23 506.83	28 464	-4 907.71	-2 178	-20.88	-7.65
山　西			11.12	17	-11.12	-17		
内蒙古	40.70	51			40.70	51		
辽　宁	244 215.03	709 162	289 890.18	820 469	-45 675.14	-111 307	-15.76	-13.57
吉　林	12 565.13	30 345	14 097.53	33 641	-1 532.39	-3 296	-10.87	-9.80
黑龙江	138.96	206	86.97	901	51.98	-695	59.77	-77.11
上　海	19 210.83	15 404	24 576.89	21 812	-5 366.07	-6 408	-21.83	-29.38
江　苏	41 012.24	48 126	41 353.66	50 340	-341.42	-2 214	-0.83	-4.40
浙　江	172 705.67	441 290	199 653.56	499 199	-26 947.89	-57 910	-13.50	-11.60
安　徽	2 899.56	2 909	4 551.38	3 788	-1 651.81	-879	-36.29	-23.21
福　建	594 025.40	826 089	561 042.48	870 108	32 982.92	-44 019	5.88	-5.06
江　西	6 600.09	3 938	10 827.95	5 604	-4 227.86	-1 666	-39.05	-29.73
山　东	431 405.63	944 252	510 620.43	1 136 976	-79 214.79	-192 724	-15.51	-16.95
河　南	8.64	100	94.64	82	-85.99	18	-90.87	22.08
湖　北	4 210.38	5 883	10 204.51	11 405	-5 994.13	-5 522	-58.74	-48.41
湖　南	2 196.94	3 009	2 108.81	2 885	88.13	124	4.18	4.32
广　东	281 415.99	538 035	294 986.21	572 204	-13 570.22	-34 169	-4.60	-5.97
广　西	15 756.31	35 630	18 859.67	41 664	-3 103.36	-6 035	-16.46	-14.48
海　南	45 644.61	168 336	47 805.95	156 978	-2 161.34	11 359	-4.52	7.24
重　庆	11.33	81	12.19	3	-0.86	78	-7.07	2749.89
四　川	4 763.75	2 639	5 090.10	2 116	-326.35	523	-6.41	24.72
贵　州	170.06	16	358.91	25	-188.85	-9	-52.62	-34.87
云　南	1 131.67	1 496	1 494.87	2 029	-363.20	-533	-24.30	-26.25
西　藏								
陕　西	61.58	72	76.55	122	-14.97	-50	-19.56	-40.72
甘　肃								
青　海	209.56	371			209.56	371		
宁　夏	46.19	23			46.19	23		
新　疆	224.51	470	245.09	423	-20.59	47	-8.40	11.12

各地区水产品进口贸易情况

单位:万美元,吨

地区	2020年进口		2019年进口		2020年比2019年增减(±)			
					绝对量		幅度(%)	
	金额	数量	金额	数量	金额	数量	金额	数量
全国总计	**1 556 469.39**	**5 678 635**	**1 870 066.86**	**6 265 155**	**-313 597.47**	**-586 520**	**-16.77**	**-9.36**
北京	169 636.96	640 336	277 673.51	818 523	-108 036.54	-178 187	-38.91	-21.77
天津	67 068.94	165 885	82 881.33	187 100	-15 812.38	-21 214	-19.08	-11.34
河北	17 279.91	51 700	19 317.39	65 785	-2 037.48	-14 085	-10.55	-21.41
山西	97.06	60	25.68	99	71.38	-39	277.91	-39.23
内蒙古	105.47	263	7 225.27	3 651	-7 119.80	-3 388	-98.54	-92.79
辽宁	181 985.79	1 064 631	229 249.07	1 254 092	-47 263.28	-189 461	-20.62	-15.11
吉林	22 025.92	48 927	27 948.25	64 980	-5 922.33	-16 053	-21.19	-24.70
黑龙江	2 034.95	2 844	2 266.36	3 284	-231.41	-439	-10.21	-13.38
上海	171 886.99	236 834	213 887.81	301 109	-42 000.82	-64 276	-19.64	-21.35
江苏	27 032.51	81 488	35 873.65	93 664	-8 841.14	-12 176	-24.65	-13.00
浙江	80 432.73	268 134	79 171.53	276 967	1 261.20	-8 833	1.59	-3.19
安徽	9 420.63	60 412	14 296.76	86 700	-4 876.13	-26 288	-34.11	-30.32
福建	207 097.03	1 020 244	189 429.23	971 849	17 667.80	48 395	9.33	4.98
江西	3 795.28	3 816	5 331.63	20 286	-1 536.35	-16 470	-28.82	-81.19
山东	280 499.68	1 167 923	347 268.83	1 318 387	-66 769.15	-150 464	-19.23	-11.41
河南	3 596.57	8 002	4 411.16	7 132	-814.59	869	-18.47	12.19
湖北	3 697.21	13 884	6 641.27	23 470	-2 944.06	-9 586	-44.33	-40.84
湖南	40 200.41	41 669	21 916.42	26 848	18 284.00	14 821	83.43	55.20
广东	219 582.16	566 169	251 697.48	556 147	-32 115.32	10 022	-12.76	1.80
广西	20 006.71	95 880	13 346.31	59 169	6 660.40	36 711	49.90	62.04
海南	3 061.55	14 831	4 723.26	20 054	-1 661.71	-5 222	-35.18	-26.04
重庆	3 658.72	18 159	6 560.30	20 997	-2 901.58	-2 839	-44.23	-13.52
四川	10 222.33	48 084	8 900.35	30 794	1 321.98	17 290	14.85	56.15
贵州	2.70	1	0.31		2.40	1	782.95	
云南	3 354.35	9 640	3 364.02	6 442	-9.66	3 198	-0.29	49.65
西藏	71.30	222	54.31	90	16.99	132		
陕西	417.89	1 435	7 858.47	12 603	-7 440.58	-11 168	-94.68	-88.61
甘肃	974.90	1 532	19.70	67	955.20	1 466	4 848.32	2 204.11
青海								
宁夏	50.14	91	1 313.58	2 407	-1 263.44	-2 316	-96.18	-96.22
新疆	7 172.60	45 541	7 413.64	32 458	-241.04	13 083	-3.25	40.31

第五部分

渔政管理

各地区渔政管理机构情况(按机构性质分)

单位:个

地　区	渔业执法机构个数	行政单位	参照公务员管理单位	事业单位	其　他
全国总计	**2 609**	**458**	**600**	**1 551**	
部直属	2	2			
北　京	16	5	1	10	
天　津	11	1	2	8	
河　北	105	18	7	80	
山　西	55	6	1	48	
内蒙古	97	12	23	62	
辽　宁	75	5	7	63	
吉　林	58	8	8	42	
黑龙江	91	6	12	73	
上　海	10	2	8		
江　苏	93	4	56	33	
浙　江	97	8	77	12	
安　徽	111	15	8	88	
福　建	86	3	59	24	
江　西	93	1	12	80	
山　东	158	30	13	115	
河　南	114	33	3	78	
湖　北	101	5	13	83	
湖　南	120	9	28	83	
广　东	123	116	4	3	
广　西	107	5	91	11	
海　南	21	1	4	16	
重　庆	40	1	30	9	
四　川	202	65	65	72	
贵　州	97		9	88	
云　南	149	17	10	122	
西　藏	57	22	2	33	
陕　西	112	17	8	87	
甘　肃	83	15	10	58	
青　海	38	2	6	30	
宁　夏	22	1		21	
新　疆	65	23	23	19	

注:数据截至2020年5月。

各地区渔政管理机构情况(按执法业务类型分)

单位:个

地　　区	独立渔政执法队伍	农业综合执法队伍内设独立渔政执法分支机构	农业综合执法队伍内设科室	海洋与渔业整合设置的综合执法队伍	水利与渔业整合设置的综合执法队伍	渔政与其他行业整合设置的综合执法队伍
全国总计	**930**	**241**	**1 149**	**101**	**45**	**143**
部直属	2					
北　京	10		5			1
天　津	3	5	3			
河　北	38	13	41	6	4	3
山　西	6	5	44			
内蒙古	54	2	34		4	3
辽　宁	31	9	26	5		4
吉　林	40	2	15		1	
黑龙江	20	11	60			
上　海		10				
江　苏	59	13	18	1		2
浙　江	33	3	44	9	2	6
安　徽	59	7	43			2
福　建	40		16	23	1	6
江　西	7		86			
山　东	6	3	76	40	2	31
河　南	35	7	46		12	14
湖　北	46	21	19		4	11
湖　南	57	26	33		1	3
广　东	52	2	58	7	1	3
广　西	65	18	14	6		4
海　南	8	3	3	4		3
重　庆	5	8	26			1
四　川	39	33	119		2	9
贵　州	19	13	48		1	16
云　南	91	12	40			6
西　藏	2		55			
陕　西	55	6	29		10	12
甘　肃	19	5	59			
青　海	13	1	22			2
宁　夏	15	1	5			1
新　疆	1	2	62			

注:数据截至 2020 年 5 月。

各地区渔政管理人员情况

单位:人

地　　区	现有人数合计	按教育水平分				持渔业行政执法证人数
		大学本科以上	大学本科	大学专科	大学专科以下	
全国总计	**32 870**	**1 114**	**13 482**	**14 088**	**4 186**	**18 386**
部直属	96	35	27	19	15	32
北　京	235	28	166	39	2	210
天　津	116	2	65	26	23	100
河　北	1 197	24	514	517	142	756
山　西	270	11	138	116	5	43
内蒙古	824	22	349	402	51	464
辽　宁	2 123	77	950	885	211	1 389
吉　林	525	13	204	203	105	292
黑龙江	502	10	224	250	18	323
上　海	518	59	261	73	125	304
江　苏	1 801	107	729	732	233	1 298
浙　江	2 275	94	1 066	816	299	916
安　徽	1 011	23	301	585	102	678
福　建	1 735	57	827	598	253	1 017
江　西	820	17	261	418	124	411
山　东	3 947	142	1 666	1 623	516	1 736
河　南	762	10	234	445	73	361
湖　北	1 487	14	379	911	183	876
湖　南	2 043	66	634	1 059	284	1 295
广　东	2 794	119	1 098	1 024	553	1 618
广　西	1 050	31	451	473	95	641
海　南	784	9	168	380	227	273
重　庆	413	13	206	180	14	319
四　川	1 072	36	496	471	69	623
贵　州	699	14	333	339	13	251
云　南	1 305	22	540	527	216	822
西　藏	165	1	132	32		122
陕　西	983	12	294	480	197	580
甘　肃	567	21	333	193	20	287
青　海	347	8	194	133	12	177
宁　夏	109	5	79	23	2	90
新　疆	295	12	163	116	4	82

注:数据截至 2020 年 5 月。

第六部分

科技与推广

6-1 科技

全国渔业科技基本情况

一、渔业科研机构个数(个)	**82**	承担政府项目	652 825
二、渔业科研机构从业人员(人)	**6 266**	其他	20 643
1. 科技活动人员	5 069	非政府资金	531 802
按职称分:高级职称	1 822	其中:技术性收入	410 084
中级职称	1 979	2. 生产经营收入	68 769
初级职称及其他	716	3. 其他收入	271 332
按学位分:研究生	1 558	**四、科研机构固定资产情况(千元)**	
大学	1 826	年末固定资产合计	5 222 427
大专	417	**五、科技著述和专利申请情况**	
其他	368	发表科技论文(篇)	2 857
2. 生产经营活动人员	239	其中:国外发表	883
3. 其他人员	958	出版科技著作(种)	60
三、本年度收入(千元)	**3 410 786**	专利受理数(件)	984
1. 科技活动收入	3 070 685	专利授权(件)	761
政府资金	2 538 883	其中:发明专利	374
财政拨款	1 865 415	国外授权	0
		拥有发明专利总数(件)	3 262

6-2 技术推广

各地区水产技术推广机构情况（按层级分）

单位：个

地区	数量			省级站		市级站		县级站		区域站		乡镇站	
		专业站	综合站	专业站	综合站	专业站	综合站	专业站	综合站	专业站	综合站	专业站	综合站
全国总计	**11 373**	**2 016**	**9 357**	**33**	**3**	**223**	**79**	**1 128**	**792**	**60**	**70**	**572**	**8 413**
北　　京	14	7	7	1		6	7						
天　　津	1	1		1									
河　　北	193	71	122	1		11		52	84	7	38		
山　　西	37	23	14	1		9	1	13	8				5
内 蒙 古	81	39	42	1		7	5	31	37				
辽　　宁	93	21	72	1		4	3	12	8	4	2		59
吉　　林	398	45	353	1		9		35	12		4		337
黑 龙 江	70	38	32	1		4	7	33	25				
上　　海	100	9	91	1				8	1				90
江　　苏	821	88	733	1		12	1	62	21		1	13	710
浙　　江	362	42	320	1		7	3	34	38				279
安　　徽	570	115	455	1		11	5	51	27	7	7	45	416
福　　建	734	146	588	1		8	1	65	6		2	72	579
江　　西	865	105	760	1		9	1	73	24	4	1	18	734
山　　东	893	219	674	1		13	2	92	24	6		107	648
河　　南	132	88	44	1		17	1	69	41	1	2		
湖　　北	542	313	229	1		8	2	40	24	9	1	255	202
湖　　南	891	89	802		1	6	8	50	65		12	33	716
广　　东	663	108	555	1		15	5	45	30	22		25	520
广　　西	1 032	69	963	1		11	3	57	35				925
海　　南	22	5	17		1	1	2	4	6				8
重　　庆	723	19	704	1				18	20				684
四　　川	835	82	753	1		12	5	69	72				676
贵　　州	800	51	749	1		7	2	43	49				698
云　　南	178	105	73	1		14	2	90	32				39
陕　　西	99	60	39	1		8	3	51	36				
甘　　肃	76	26	50	1		9	4	15	40			1	6
青　　海	11	4	7	1			1	3	6				
宁　　夏	36	4	32	1		1	4	2	14				14
新　　疆	11	7	4	1		4	1	2	3				
大　　连	12	4	8		1			4	2				5
青　　岛	48	9	39	1				5	2			3	37
宁　　波	27	1	26	1									26
厦　　门	1	1		1									
深　　圳	1	1		1									
新疆兵团	1	1		1									

各地区水产技术推广机构情况（按机构性质分）（一）

单位：个

地 区	行政单位					
	合 计	省级站	市级站	县级站	区域站	乡镇站
全国总计	**86**		**7**	**48**	**1**	**30**
北 京						
天 津						
河 北	8			8		
山 西						
内 蒙 古						
辽 宁						
吉 林						
黑 龙 江						
上 海						
江 苏	2			1		1
浙 江	11			4		7
安 徽	2		1	1		
福 建						
江 西	2			2		
山 东	14			2		12
河 南	3			3		
湖 北	1			1		
湖 南	14		1	2	1	10
广 东	3			3		
广 西						
海 南	2			2		
重 庆	3			3		
四 川	13		4	9		
贵 州						
云 南						
陕 西	5			5		
甘 肃	2			2		
青 海	1		1			
宁 夏						
新 疆						
大 连						
青 岛						
宁 波						
厦 门						
深 圳						
新疆兵团						

各地区水产技术推广机构情况（按机构性质分）（二）

单位：个

地区	事业单位						
	总计	全额拨款					
		合计	省级站	市级站	县级站	区域站	乡镇站
全国总计	**11 287**	**10 572**	**36**	**279**	**1 772**	**111**	**8 374**
北京	14	14	1	13			
天津	1	1	1				
河北	185	151	1	10	107	33	
山西	37	34	1	8	20		5
内蒙古	81	76	1	12	63		
辽宁	93	93	1	7	20	6	59
吉林	398	398	1	9	47	4	337
黑龙江	70	70	1	11	58		
上海	100	95	1		9		85
江苏	819	767	1	13	72	1	680
浙江	351	348	1	10	68		269
安徽	568	539	1	15	72	14	437
福建	734	731	1	9	70	2	649
江西	863	805	1	10	94	5	695
山东	879	844	1	14	110	6	713
河南	129	115	1	16	95	3	
湖北	541	189	1	9	41	5	133
湖南	877	835	1	10	108	11	705
广东	660	588	1	17	62	21	487
广西	1 032	1 032	1	14	92		925
海南	20	20	1	3	8		8
重庆	720	719	1		34		684
四川	822	822	1	13	132		676
贵州	800	800	1	9	92		698
云南	178	178	1	16	122		39
陕西	94	92	1	10	81		
甘肃	74	71	1	11	52		7
青海	10	10	1		9		
宁夏	36	36	1	5	16		14
新疆	11	11	1	5	5		
大连	12	12	1		6		5
青岛	48	46	1		7		38
宁波	27	27	1				26
厦门	1	1	1				
深圳	1	1	1				
新疆兵团	1	1	1				

各地区水产技术推广机构情况(按机构性质分)(三)

单位:个

地区	事业单位(续)											
	差额拨款						自收自支					
	合计	省级站	市级站	县级站	区域站	乡镇站	合计	省级站	市级站	县级站	区域站	乡镇站
全国总计	**541**		**12**	**69**	**8**	**452**	**174**		**4**	**31**	**10**	**129**
北　京												
天　津												
河　北	22		1	18	3		12			3	9	
山　西	1		1				2		1	1		
内蒙古	5			5								
辽　宁												
吉　林												
黑龙江												
上　海	5					5						
江　苏	46			7		39	6			3		3
浙　江	3					3						
安　徽	2			2			27			3		24
福　建	2			1		1	1					1
江　西	55			1		54	3					3
山　东	32		1	4		27	3					3
河　南	6		1	5			8		1	7		
湖　北	256		1	17	5	233	96			5		91
湖　南	36		3	3		30	6			2		4
广　东	62		1	3		58	10		2	7	1	
广　西												
海　南												
重　庆	1			1								
四　川												
贵　州												
云　南												
陕　西	2		1	1								
甘　肃	3		2	1								
青　海												
宁　夏												
新　疆												
大　连												
青　岛	2					2						
宁　波												
厦　门												
深　圳												
新疆兵团												

各地区水产技术推广经费情况(一)

单位:万元

地　　区	总　计	人员经费					
		合　计	省级站	市级站	县级站	区域站	乡镇站
全国总计	**391 885.66**	**266 800.25**	**27 041.15**	**54 066.74**	**98 700.02**	**1 779.66**	**85 212.68**
北　京	6 211.40	4 612.35	2 013.25	2 599.10			
天　津	615.56	299.88	299.88				
河　北	7 551.06	5 855.70	617.90	2 213.76	2 750.04	274.00	
山　西	1 696.01	1 277.46	131.91	566.48	553.07		26.00
内蒙古	8 333.18	7 279.38	1 028.60	2 240.10	4 010.68		
辽　宁	8 303.39	3 223.58	1 677.70	693.00	676.08	41.80	135.00
吉　林	21 677.33	7 717.32	408.25	1 392.66	3 272.02	73.00	2 571.39
黑龙江	4 131.03	3 351.12	32.72	502.81	2 815.59		
上　海	16 610.26	10 367.50	4 373.21		4 082.69		1 911.60
江　苏	35 367.07	26 234.72	1 613.64	4 245.44	9 797.99	17.00	10 560.65
浙　江	20 469.77	11 709.28	538.99	2 265.79	4 692.64		4 211.86
安　徽	12 753.20	10 360.71	332.00	2 031.63	3 910.17	372.11	3 714.80
福　建	13 520.27	8 261.33	562.00	1 483.84	2 776.19	15.20	3 424.10
江　西	10 152.80	8 123.72	386.62	433.72	2 593.47	125.45	4 584.46
山　东	23 894.69	18 621.46	552.40	3 406.24	7 024.39	25.00	7 613.43
河　南	7 617.96	5 649.27	470.30	2 459.19	2 719.78		
湖　北	12 590.67	10 314.79	369.60	1 924.29	3 784.42	79.10	4 157.38
湖　南	13 789.76	11 040.86	285.00	1 273.43	2 936.93	407.00	6 138.50
广　东	33 414.00	24 128.00	1 456.00	13 160.00	3 920.00	350.00	5 242.00
广　西	20 194.17	17 004.72	334.15	1 359.68	4 018.75		11 292.14
海　南	1 689.45	1 060.96	281.29	297.00	444.27		38.40
重　庆	19 614.90	10 732.51	916.84		3 465.01		6 350.66
四　川	17 224.88	12 690.90	50.00	1 514.85	5 956.05		5 170.00
贵　州	18 468.08	10 161.36	219.30	773.91	2 983.91		6 184.24
云　南	13 920.56	11 458.94	324.76	2 664.81	8 124.24		345.13
陕　西	12 410.70	9 309.10	1 563.70	1 842.30	5 903.10		
甘　肃	5 685.87	4 193.86	863.25	1 635.84	1 687.77		7.00
青　海	2 133.03	752.63	474.62	9.48	268.53		
宁　夏	3 254.50	1 748.96	514.21	393.85	756.62		84.28
新　疆	3 402.77	1 534.50	749.58	683.54	101.38		
大　连	1 905.73	1 025.28	400.70		573.58		51.00
青　岛	5 372.25	1 883.98	282.97		497.35		1 103.66
宁　波	5 059.93	3 356.31	1 458.00		1 603.31		295.00
厦　门	110.00	80.00	80.00				
深　圳	2 446.00	1 230.00	1 230.00				
新疆兵团	293.43	147.81	147.81				

各地区水产技术推广经费情况(二)

单位:万元

地　区	公共经费					
	合　计	省级站	市级站	县级站	区域站	乡镇站
全国总计	**37 941.65**	**3 827.62**	**4 209.58**	**21 049.47**	**174.96**	**8 680.02**
北　京	463.35	183.80	279.55			
天　津	110.68	110.68				
河　北	451.34	33.79	174.14	186.41	57.00	
山　西	79.72	10.91	46.10	20.71		2.00
内蒙古	454.54	54.00	268.77	131.77		
辽　宁	439.14	290.50	60.86	67.38	3.00	17.40
吉　林	12 519.30	84.07	126.19	12 270.40		38.64
黑龙江	172.21	2.85	30.31	139.05		
上　海	1 282.78	621.07		483.61		178.10
江　苏	2 110.96	90.78	346.06	853.29	1.96	818.87
浙　江	1 591.46	504.87	183.35	473.02		430.22
安　徽	1 082.91	18.00	156.05	412.36	40.00	456.50
福　建	532.23	46.00	105.98	190.94	0.80	188.51
江　西	942.57	20.95	55.58	303.24	21.80	541.00
山　东	1 783.04	414.20	189.83	601.13	1.80	576.08
河　南	429.32	37.02	108.86	283.44		
湖　北	869.20	40.00	228.53	275.07	6.60	319.00
湖　南	1 611.45	72.00	220.80	550.85	32.00	735.80
广　东	1 680.00	30.00	540.00	450.00	10.00	650.00
广　西	1 240.91	28.27	100.91	306.58		805.15
海　南	178.89	42.98	29.48	98.43		8.00
重　庆	2 467.28	99.47		800.26		1 567.55
四　川	1 614.81	10.00	249.38	734.84		620.59
贵　州	773.30	3.56	111.10	164.68		493.96
云　南	802.30	22.08	189.21	557.01		34.00
陕　西	675.10	140.30	164.80	370.00		
甘　肃	326.77	64.77	188.20	73.80		
青　海	27.99	25.49		2.50		
宁　夏	98.82	40.72	18.47	36.28		3.35
新　疆	117.24	62.65	37.07	17.52		
大　连	102.98	34.00		59.98		9.00
青　岛	408.16	208.16		41.70		158.30
宁　波	376.22	255.00		93.22		28.00
厦　门	20.00	20.00				
深　圳	81.00	81.00				
新疆兵团	23.68	23.68				

各地区水产技术推广经费情况(三)

单位:万元

地　　区	项目经费					
	合　计	省级站	市级站	县级站	区域站	乡镇站
全国总计	**87 143.76**	**28 068.11**	**16 312.67**	**35 172.53**	**62.10**	**7 528.35**
北　京	1 135.70	776.90	358.80			
天　津	205.00	205.00				
河　北	1 244.02	803.02	314.70	74.80	51.50	
山　西	338.83	265.23	53.60	20.00		
内蒙古	599.26	136.00	329.55	133.71		
辽　宁	4 640.67	3 294.70	1 081.07	264.90		
吉　林	1 440.71	228.28	491.13	721.30		
黑龙江	607.70	475.52	3.00	129.18		
上　海	4 959.98	2 295.11		2 639.98		24.89
江　苏	7 021.39	280.00	2 036.72	4 564.26	1.00	139.41
浙　江	7 169.03	1 954.16	1 260.87	3 946.45		7.55
安　徽	1 309.58	145.00	344.59	755.99		64.00
福　建	4 726.71	2 197.00	671.52	1 843.19		15.00
江　西	1 086.52	451.23	134.00	489.29	1.00	11.00
山　东	3 490.19	1 337.90	531.36	1 582.93		38.00
河　南	1 539.37	275.40	485.88	778.09		
湖　北	1 406.68	146.36	466.74	579.68		213.90
湖　南	1 137.44	202.00	228.04	643.80	8.60	55.00
广　东	7 606.00	1 882.00	4 124.00	740.00		860.00
广　西	1 948.54	760.00	667.85	520.09		0.60
海　南	449.60	178.10	71.50	200.00		
重　庆	6 415.11	1 164.22		5 250.89		
四　川	2 919.17		393.30	2 391.87		134.00
贵　州	7 533.42	433.08	305.00	3 595.34		3 200.00
云　南	1 659.33	81.64	345.31	1 229.38		3.00
陕　西	2 426.50	353.10	681.70	1 391.70		
甘　肃	1 165.23	888.25	166.48	110.50		
青　海	1 352.41	1 352.41				
宁　夏	1 406.72	583.01	672.80	150.91		
新　疆	1 751.03	1 637.87	93.16	20.00		
大　连	777.47	588.57		188.90		
青　岛	3 080.11	249.11		69.00		2 762.00
宁　波	1 327.40	1 181.00		146.40		
厦　门	10.00	10.00				
深　圳	1 135.00	1 135.00				
新疆兵团	121.94	121.94				

各地区水产技术推广人员编制情况(按层级分)

单位:人

地　　区	编制人数					
	合　计	省级站	市级站	县级站	区域站	乡镇站
全国总计	**33 562**	**1 426**	**3 886**	**13 107**	**413**	**14 730**
北　　京	212	76	136			
天　　津	130	20	110			
河　　北	907	26	154	652	75	
山　　西	263	16	113	128		6
内 蒙 古	711	61	236	414		
辽　　宁	423	74	116	163	25	45
吉　　林	958	31	132	302	11	482
黑 龙 江	675	31	85	559		
上　　海	467	175		170		122
江　　苏	2 302	48	176	710	6	1 362
浙　　江	818	20	94	427		277
安　　徽	1 342	17	154	534	57	580
福　　建	1 349	33	116	387	2	811
江　　西	1 511	20	61	482	18	930
山　　东	2 395	21	220	968	6	1 180
河　　南	972	38	204	706	24	
湖　　北	1 244	30	113	492	26	583
湖　　南	2 129	14	225	680	79	1 131
广　　东	2 611	27	404	640	84	1 456
广　　西	2 693	18	108	507		2 060
海　　南	105	18	25	54		8
重　　庆	1 127	38		338		751
四　　川	1 626	10	172	818		626
贵　　州	2 855	12	120	663		2 060
云　　南	1 044	23	218	760		43
陕　　西	1 224	156	179	889		
甘　　肃	576	120	134	300		22
青　　海	56	20	1	35		
宁　　夏	166	28	35	89		14
新　　疆	137	71	45	21		
大　　连	84	22		57		5
青　　岛	212	24		55		133
宁　　波	193	43		107		43
厦　　门	6	6				
深　　圳	29	29				
新疆兵团	10	10				

各地区水产技术推广实有人员情况(按层级分)

单位:人

地　区	实有人数					
	合　计	省级站	市级站	县级站	区域站	乡镇站
全国总计	**30 389**	**1 248**	**3 511**	**11 930**	**391**	**13 309**
北　京	171	66	105			
天　津	119	19	100			
河　北	762	33	152	518	59	
山　西	197	12	91	89		5
内蒙古	700	52	204	444		
辽　宁	389	64	115	144	21	45
吉　林	913	29	110	281	11	482
黑龙江	568	23	62	483		
上　海	395	139		140		116
江　苏	2 088	46	179	635	6	1 222
浙　江	717	18	65	316		318
安　徽	1 079	16	121	472	50	420
福　建	989	27	110	338	2	512
江　西	1 388	16	52	404	16	900
山　东	2 421	21	248	921	6	1 225
河　南	906	32	196	654	24	
湖　北	1 281	26	96	460	27	672
湖　南	1 974	14	209	639	90	1 022
广　东	2 360	25	356	596	79	1 304
广　西	2 400	17	104	470		1 809
海　南	111	20	27	56		8
重　庆	1 099	37		281		781
四　川	1 567	4	141	715		707
贵　州	2 072	12	90	521		1 449
云　南	987	21	201	731		34
陕　西	1 333	132	184	1 017		
甘　肃	564	80	124	341		19
青　海	54	19	1	34		
宁　夏	151	30	28	80		13
新　疆	121	63	40	18		
大　连	75	22		48		5
青　岛	249	5		34		210
宁　波	135	54		50		31
厦　门	7	7				
深　圳	38	38				
新疆兵团	9	9				

各地区水产技术推广实有人员情况（按技术职称和文化程度分）

单位：人

地　区	技术职称					文化程度					
	正高级	副高级	中级	初级	其他	博士	硕士	本科	大专	中专	其他
全国总计	**555**	**3 624**	**9 764**	**8 439**	**8 007**	**72**	**1 416**	**10 391**	**11 462**	**4 076**	**2 972**
北　京	4	33	48	25	61	3	30	95	25	4	14
天　津	7	34	37	30	11	2	12	84	17	3	1
河　北	49	135	240	186	152	2	29	377	199	82	73
山　西	5	21	63	32	76		3	89	61	13	31
内蒙古	11	132	206	101	250	1	37	274	271	69	48
辽　宁	27	71	123	63	105		63	199	113	9	5
吉　林	44	158	295	252	164		26	258	405	161	63
黑龙江	30	135	128	78	197		18	261	222	45	22
上　海	18	65	120	141	51	9	72	180	89	26	19
江　苏	80	329	799	557	323	11	187	708	829	202	151
浙　江	28	106	305	148	130	3	84	385	190	35	20
安　徽	31	158	437	267	186		43	364	473	132	67
福　建	8	170	283	323	205	1	66	400	277	194	51
江　西	15	93	334	433	513		25	316	554	296	197
山　东	26	227	803	803	562	8	150	848	837	360	218
河　南	15	103	312	189	287	1	30	348	319	111	97
湖　北	4	49	340	428	460	2	26	165	538	354	196
湖　南	4	72	526	597	775		28	440	754	344	408
广　东	32	124	426	724	1 054	21	107	651	650	439	492
广　西	9	72	1 015	968	336		20	609	1 319	331	121
海　南	1	10	15	32	53		18	50	28	5	10
重　庆	11	116	448	281	243	1	45	471	455	92	35
四　川	9	173	586	463	336		58	528	733	177	71
贵　州	6	307	911	688	160	1	52	859	927	194	39
云　南	16	355	319	138	159		25	411	406	97	48
陕　西	11	112	249	269	692	1	26	368	401	205	332
甘　肃	15	111	156	93	189		21	241	182	60	60
青　海	2	8	19	11	14		3	28	21	1	1
宁　夏	10	53	55	22	11		8	104	29	8	2
新　疆	7	26	36	18	34		35	56	22	3	5
大　连	2	13	25	18	17		20	30	23	1	1
青　岛	3	16	40	31	159	2	10	89	68	15	65
宁　波	12	31	42	22	28	3	29	76	16	8	3
厦　门		1	5		1		1	4	2		
深　圳		3	14	8	13		8	18	6		6
新疆兵团	3	2	4				1	7	1		

各地区水产技术推广实有人员情况(按性别和年龄分)

单位:人

地　　区	性　别		年龄结构		
	男　性	女　性	35 岁及以下	36~49 岁	50 岁及以上
全国总计	**22 351**	**8 038**	**6 005**	**14 802**	**9 582**
北　　京	95	76	41	78	52
天　　津	74	45	20	55	44
河　　北	461	301	122	396	244
山　　西	128	69	20	97	80
内 蒙 古	449	251	92	267	341
辽　　宁	260	129	60	204	125
吉　　林	655	258	115	412	386
黑 龙 江	370	198	68	264	236
上　　海	296	99	119	121	155
江　　苏	1 552	536	493	774	821
浙　　江	564	153	186	251	280
安　　徽	848	231	106	589	384
福　　建	783	206	220	463	306
江　　西	1 140	248	287	608	493
山　　东	1 672	749	482	1 340	599
河　　南	589	317	134	515	257
湖　　北	1 021	260	148	666	467
湖　　南	1 641	333	233	1 079	662
广　　东	1 868	492	637	1 082	641
广　　西	1 829	571	563	1 277	560
海　　南	76	35	33	49	29
重　　庆	788	311	298	482	319
四　　川	1 169	398	338	749	480
贵　　州	1 556	516	561	1 031	480
云　　南	668	319	129	502	356
陕　　西	842	491	202	800	331
甘　　肃	391	173	122	259	183
青　　海	31	23	9	31	14
宁　　夏	100	51	11	62	78
新　　疆	77	44	38	62	21
大　　连	56	19	9	41	25
青　　岛	165	84	75	118	56
宁　　波	101	34	29	53	53
厦　　门	6	1	2		5
深　　圳	24	14	3	21	14
新疆兵团	6	3		4	5

各地区水产技术推广机构自有试验示范基地情况

单位：个，公顷

地　　区	合计		省级站		市级站		县级站		区域站		乡镇站	
	数量	养殖面积	数量	养殖面积	数量	养殖面积	数量	养殖面积	数量	养殖面积	数量	养殖面积
全国总计	**545**	**11 280.4**	**30**	**581.9**	**82**	**1 364.6**	**280**	**5 403.5**	**7**	**43.7**	**146**	**3 886.7**
北　京	4	23.5	2	19.3	2	4.2						
天　津	4	25.6	1	20.0	3	5.6						
河　北	9	53.7	2	7.7	1	1.0	1	15.0	5	30.0		
山　西	3	16.4			2	16.0	1	0.4				
内蒙古	7	519.6			2	32.0	5	487.6				
辽　宁	5	72.7			1	8.0	4	64.7				
吉　林	6	59.0			2	5.0	4	54.0				
黑龙江	9	215.0	1	16.0	4	19.0	4	180.0				
上　海	10	128.0	3	79.8			4	35.5			3	12.7
江　苏	28	1 206.9	1	35.0	5	221.3	8	476.8			14	473.8
浙　江	6	52.2	2	22.4			4	29.8				
安　徽	23	534.5					11	99.5			12	435.0
福　建	13	81.8			1	9.6	12	72.2				
江　西	19	287.4	1	7.0			13	91.1			5	189.3
山　东	21	1 152.1			3	204.1	7	315.0			11	633.0
河　南	21	329.9			5	30.5	14	285.7	2	13.7		
湖　北	81	2 668.6			6	397.3	21	917.3			54	1 354.0
湖　南	19	1 128.1			4	51.6	12	376.5			3	700.0
广　东	113	600.0	1	2.0	18	232.0	70	298.0			24	68.0
广　西	6	1 161.2			1	9.7	4	1 150.5			1	1.0
海　南	2	10.0			2	10.0						
重　庆	8	76.0					8	76.0				
四　川	31	167.4	1	29.0	6	39.2	24	99.2				
贵　州	30	54.2			2	7.0	9	27.2			19	20.0
云　南	31	124.6	1	6.0	5	18.8	25	99.7				
陕　西	16	127.7	3	30.0	3	27.3	10	70.4				
甘　肃	9	113.6	3	100.0	3	3.5	3	10.2				
青　海	1	0.4	1	0.4								
宁　夏												
新　疆	4	229.8	1	146.7	1	11.9	2	71.2				
大　连												
青　岛												
宁　波	3	57.0	3	57.0								
厦　门	1	0.5	1	0.5								
深　圳	1	0.5	1	0.5								
新疆兵团	1	2.6	1	2.6								

各地区水产技术推广机构合作试验示范基地情况

单位:个,公顷

地　　区	合　计		省级站		市级站		县级站		区域站		乡镇站	
	数量	养殖面积	数量	养殖面积	数量	养殖面积	数量	养殖面积	数量	养殖面积	数量	养殖面积
全国总计	**2 526**	**95 518.5**	**130**	**3 145.1**	**296**	**9 039.8**	**1 612**	**67 192.6**	**2**	**39.2**	**486**	**16 101.9**
北　　京	4	12.0			6	12.0						
天　　津	4	948.0			11	948.0						
河　　北	9	701.5	16	286.8	15	136.3	40	278.4				
山　　西	3	135.5			5	52.9	8	82.6				
内 蒙 古	7	592.6	1	20.0			15	572.6				
辽　　宁	5	830.3			7	645.8	13	184.5				
吉　　林	10	8 480.7	8	666.0	11	438.5	67	6 006.2			4	1 370.0
黑 龙 江	9											
上　　海	45	667.2	13	348.0			15	189.8			35	129.4
江　　苏	50	2 330.3			17	359.0	37	980.0			22	991.3
浙　　江	12	2 104.5	3	61.9	9	59.2	106	1 742.0			6	241.4
安　　徽	97	8 234.6			13	788.0	165	5 162.6			74	2 284.0
福　　建	18	1 484.5	34	259.0	6	33.4	100	1 187.2			5	5.0
江　　西	108	15 784.3	1	62.0	20	353.0	105	8 067.3			89	7 302.0
山　　东	51	10 371.1			13	378.0	127	9 582.1			30	411.0
河　　南	21	8 413.4	1	15.0	24	767.4	98	7 614.0	1	17.0		
湖　　北	210	16 647.3	6	45.0	16	850.0	118	13 203.3			129	2 549.0
湖　　南	26	4 166.3	5	602.0	26	1 175.0	104	2 323.8	1	22.2	7	43.4
广　　东	147	2 454.0	5	350.0	34	952.0	80	1 072.0			34	80.0
广　　西	21	1 779.3	14	51.4	36	433.0	45	955.9			15	339.0
海　　南	2	54.0			7	40.0	1	14.0				
重　　庆	10	1 207.7	15	140.0			93	1 049.7			2	18.0
四　　川	49	1 734.3					91	1 467.3			18	267.0
贵　　州	31	489.3			5	100.0	21	373.0			1	16.3
云　　南	36	95.7			3	7.5	18	68.2			5	20.0
陕　　西	16	3 295.7			4	364.7	66	2 931.0				
甘　　肃	9	151.0			4	55.4	19	95.7				
青　　海	1											
宁　　夏		1 220.0			3	90.0	14	1 130.0				
新　　疆	4	319.6	7	218.7	1	0.9	1	100.0				
大　　连		80.0					1	80.0				
青　　岛	1	87.1					2	87.0			1	0.1
宁　　波	12	627.5					42	592.5			9	35.0
厦　　门	1											
深　　圳	1											
新疆兵团	1	19.3	1	19.3								

各地区水产技术推广机构房屋条件情况(一)

单位:米^2

地　　区	办公用房面积					
	合　计	省级站	市级站	县级站	区域站	乡镇站
全国总计	**453 933**	**36 863**	**73 963**	**142 098**	**2 720**	**198 289**
北　京	5 278	375	4 903			
天　津	1 422	210	1 212			
河　北	7 164	700	2 110	3 719	635	
山　西	2 765	126	2 092	506		41
内 蒙 古	7 032	461	2 955	3 616		
辽　宁	4 483	2 611	953	866	53	
吉　林	19 423	1 326	3 775	2 304	155	11 863
黑 龙 江	2 502	142	314	2 046		
上　海	11 701	6 059		3 941		1 701
江　苏	32 401	235	3 385	6 820		21 961
浙　江	9 286	383	740	3 134		5 030
安　徽	22 209	178	2 331	6 811	531	12 358
福　建	14 560	603	5 259	3 236	19	5 443
江　西	24 221	2 470	524	3 537	99	17 591
山　东	21 498	635	2 204	9 721	90	8 848
河　南	10 161	300	2 142	7 198	520	
湖　北	28 469	571	2 976	13 194		11 728
湖　南	35 441	180	6 009	12 871	496	15 886
广　东	26 434	500	6 772	6 843	122	12 197
广　西	48 249	2 400	1 062	4 059		40 728
海　南	1 629	180	369	1 080		
重　庆	16 976	2 102		5 158		9 716
四　川	18 187		2 810	9 705		5 671
贵　州	15 057	300	2 413	3 970		8 374
云　南	19 246	462	6 197	11 047		1 540
陕　西	16 189	1 820	3 995	10 374		
甘　肃	6 639	858	2 663	2 819		299
青　海	2 285	1 680	10	595		
宁　夏	2 267	660	804	739		64
新　疆	5 973	2 300	2 983	690		
大　连	449	106		343		
青　岛	7 815	450		267		7 098
宁　波	3 520	2 476		891		153
厦　门	58	58				
深　圳	2 769	2 769				
新疆兵团	175	175				

各地区水产技术推广机构房屋条件情况(二)

单位:个

地　区	培训教室数量					
	合　计	省级站	市级站	县级站	区域站	乡镇站
全国总计	**1 480**	**34**	**79**	**470**	**11**	**886**
北　京	8	3	5			
天　津	6		6			
河　北	13		1	11	1	
山　西	6		3	3		
内蒙古						
辽　宁	6			6		
吉　林	19	1		5		13
黑龙江						
上　海	35	5		6		24
江　苏	132	1	6	16		109
浙　江	84	3	3	21		57
安　徽	123	1	1	19	6	96
福　建	83		3	22		58
江　西	123	1		29		93
山　东	58		2	36		20
河　南	39		3	34	2	
湖　北	127		4	27		96
湖　南	131	1	6	50	2	72
广　东	99	2	22	40		35
广　西	93	1	2	15		75
海　南	4	1	1	2		
重　庆	91	1		10		80
四　川	61	2	2	57		
贵　州	67			11		56
云　南	14	1	4	9		
陕　西	24	1	1	22		
甘　肃	10		4	6		
青　海	2	1		1		
宁　夏	4	1		3		
新　疆	3	1		2		
大　连	2			2		
青　岛	2					2
宁　波	10	5		5		
厦　门						
深　圳						
新疆兵团	1	1				

各地区水产技术推广机构房屋条件情况(三)

单位:米^2

地　区	培训教室面积					
	合　计	省级站	市级站	县级站	区域站	乡镇站
全国总计	**121 572**	**4 192**	**6 124**	**40 545**	**1 112**	**69 599**
北　京	472	182	290			
天　津	404		404			
河　北	697		20	645	32	
山　西	619		264	355		
内 蒙 古						
辽　宁	432			432		
吉　林	2 255	40		365		1 850
黑 龙 江						
上　海	2 737	1 062		325		1 350
江　苏	10 415	96	560	1 213		8 546
浙　江	8 954	389	570	1 645		6 350
安　徽	10 267	62	30	1 545	720	7 910
福　建	9 018		300	2 098		6 620
江　西	7 120	400		2 240		4 480
山　东	5 885		150	3 279		2 456
河　南	2 775		144	2 481	150	
湖　北	8 920		164	2 128		6 628
湖　南	18 544	70	410	11 252	210	6 602
广　东	8 170	200	1 640	2 118		4 212
广　西	4 205	270	53	1 212		2 670
海　南	200	40	50	110		
重　庆	5 685	80		680		4 925
四　川	3 031	20	280	2 731		
贵　州	5 235			880		4 355
云　南	1 102	120	434	548		
陕　西	1 090	60	60	970		
甘　肃	635		301	334		
青　海	290	200		90		
宁　夏	191	75		116		
新　疆	215	125		90		
大　连	142			142		
青　岛	645					645
宁　波	1 096	576		520		
厦　门						
深　圳						
新疆兵团	126	126				

各地区水产技术推广机构房屋条件情况(四)

单位:个

地　　区	实验室数量					
	合　计	省级站	市级站	县级站	区域站	乡镇站
全国总计	**1 901**	**307**	**274**	**865**	**19**	**436**
北　　京	12	2	10			
天　　津	27	6	21			
河　　北	35	1	7	22	5	
山　　西	4		3	1		
内 蒙 古	16	2	6	8		
辽　　宁	60	1	29	30		
吉　　林	26	1	8	17		
黑 龙 江	22	1		21		
上　　海	64	48		10		6
江　　苏	214	2	14	58		140
浙　　江	87	1	10	32		44
安　　徽	213	14	7	53	10	129
福　　建	69	1	9	59		
江　　西	81	1	5	65	1	9
山　　东	61	1	6	41		13
河　　南	46	2	10	32	2	
湖　　北	92	1	11	65		15
湖　　南	53	1	18	31	1	2
广　　东	175	1	30	80		64
广　　西	83	17	20	40		6
海　　南	18	1	13	4		
重　　庆	40	1		38		1
四　　川	42		5	37		
贵　　州	10		2	8		
云　　南	26	1	6	19		
陕　　西	217	160	16	41		
甘　　肃	6	1	3	2		
青　　海	3	1		2		
宁　　夏	12	1	4	7		
新　　疆	3	2		1		
大　　连	56	27		29		
青　　岛	14	2		5		7
宁　　波	9	2		7		
厦　　门	2	2				
深　　圳	2	1	1			
新疆兵团	1	1				

各地区水产技术推广机构房屋条件情况(五)

单位:米^2

地　　区	实验室面积					
	合　计	省级站	市级站	县级站	区域站	乡镇站
全国总计	**168 958**	**36 870**	**29 845**	**84 664**	**925**	**16 655**
北　京	5 824	4 385	1 439			
天　津	973	160	813			
河　北	3 945	1 600	318	1 997	30	
山　西	1 070		770	300		
内蒙古	2 585	1 956	295	334		
辽　宁	4 796	650	1 740	2 406		
吉　林	2 654	660	1 426	569		
黑龙江	943	628		315		
上　海	1 997	1 272		653		72
江　苏	16 130	817	2 600	8 569		4 144
浙　江	16 795	6 241	3 231	5 963		1 361
安　徽	11 126	1 080	285	6 674	615	2 472
福　建	6 643	1 030	652	4 961		
江　西	7 636	990	91	6 137	200	218
山　东	8 344	80	2 452	5 392		420
河　南	4 674	1 200	907	2 512	55	
湖　北	8 372	30	479	7 583		280
湖　南	4 729	700	929	2 985	25	90
广　东	19 196	120	5 600	7 800		5 676
广　西	6 437	580	903	4 844		110
海　南	1 869	1 050	529	290		
重　庆	5 487	2 216		2 651		620
四　川	4 568		3 006	1 562		
贵　州	1 304		60	1 244		
云　南	1 971	231	264	1 476		
陕　西	3 026	1 184	346	1 496		
甘　肃	825	429	153	243		
青　海	756	700		56		
宁　夏	2 843	1 200	556	1 087		
新　疆	1 260	1 200		60		
大　连	3 806	1 500		2 306		
青　岛	3 107	550		1 365		1 192
宁　波	2 206	1 369		837		
厦　门	510	510				
深　圳	407	407				
新疆兵团	144	144				

各地区水产技术推广机构房屋条件情况(六)

单位:万元

地 区	实验室设备原值					
	合 计	省级站	市级站	县级站	区域站	乡镇站
全国总计	**126 015.3**	**41 931.6**	**25 445.6**	**46 661.4**	**270.0**	**11 706.6**
北 京	7 056.7	5 722.2	1 334.4			
天 津	911.8	612.3	299.5			
河 北	3 858.2	2 020.0	748.8	1 029.4	60.0	
山 西	270.6		205.6	65.0		
内蒙古	2 668.7	2 512.0	45.3	111.5		
辽 宁	6 193.2	1 200.0	3 243.0	1 750.2		
吉 林	2 294.7	926.0	801.1	567.7		
黑龙江	810.0	600.0		210.0		
上 海	2 094.8	1 404.4		683.9		6.5
江 苏	10 001.3	1 199.0	1 710.2	6 231.4		860.7
浙 江	12 013.9	6 470.0	1 201.0	3 961.1		381.8
安 徽	4 131.4	700.8	133.4	2 567.7	153.0	576.5
福 建	5 188.0	680.0	2 265.7	2 242.3		
江 西	3 930.9	1 000.0	30.0	2 848.5	40.0	12.4
山 东	6 012.7	550.0	1 452.2	3 749.5		261.0
河 南	3 256.8	1 500.0	388.1	1 357.7	11.0	
湖 北	3 724.7	20.0	739.1	2 879.6		86.0
湖 南	3 879.5	720.0	762.5	2 366.0	6.0	25.0
广 东	12 256.0	480.0	5 446.0	3 458.0		2 872.0
广 西	3 317.7	161.0	821.9	2 303.2		31.7
海 南	3 135.5	1 839.0	946.5	350.0		
重 庆	2 490.7	1 367.4		1 121.3		2.0
四 川	2 843.2		1 533.6	1 309.6		
贵 州	595.2		29.2	566.0		
云 南	888.4	65.1	140.8	682.5		
陕 西	1 501.7		506.0	995.7		
甘 肃	577.7	310.0	242.7	25.0		
青 海	1 248.4	1 238.4		10.0		
宁 夏	1 161.8	462.3	239.3	460.3		
新 疆	1 076.0	796.0	180.0	100.0		
大 连	3 459.2	1 749.0		1 710.2		
青 岛	7 955.4	1 000.0		364.4		6 591.0
宁 波	3 633.6	3 049.5		584.1		
厦 门	500.0	500.0				
深 圳	875.0	875.0				
新疆兵团	202.2	202.2				

各地区水产技术推广机构信息平台情况

地区	网站(个)	手机平台(户)	电话热线(条)	技术简报(个)
全国总计	**503**	**5 090**	**31 585**	**2 362**
北京		8	12	7
天津		30	1 353	5
河北	12	53	94	14
山西	4	34	290	2
内蒙古	2	48	42	7
辽宁	3	9	995	9
吉林	9	358	1 091	35
黑龙江			3 650	
上海	3	33	55	5
江苏	87	433	1 320	164
浙江	34	171	352	29
安徽	81	333	1 711	125
福建	1	175	187	46
江西	28	157	241	212
山东	25	758	9 025	61
河南	13	160	451	315
湖北	14	225	1 007	626
湖南	23	174	394	132
广东	42	133	803	42
广西	3	731	467	46
海南	2	17	14	5
重庆	5	124	1 394	144
四川	12	316	4 280	110
贵州	13	167	1 565	148
云南	74	242	213	35
陕西	4	72	397	4
甘肃	3	27	41	10
青海		20	43	6
宁夏		38	35	12
新疆		5	10	
大连	1	4	5	2
青岛	2	24	21	1
宁波	3	9	21	2
厦门				
深圳			2	1
新疆兵团		2	4	

各地区水产技术推广履职成效情况(一)

地　区	示范关键技术(个)	检验检测(批次)	指导面积(公顷)	服务对象		
				农户(户)	企业(个)	合作组织(个)
全国总计	**4 320**	**226 613**	**4 207 000.2**	**1 497 288**	**31 571**	**26 156**
北　京	24	21 363	11 442.2	961	294	9
天　津	42	3 551	28 193.2	2 354	160	87
河　北	98	5 119	60 841.4	9 350	426	86
山　西	26	87	3 564.3	717	50	119
内蒙古	50	1 592	83 793.3	3 074	210	193
辽　宁	24	4 285	29 941.8	8 643	151	35
吉　林	126	898	152 795.0	4 478	293	270
黑龙江	117	273	241 274.0	10 160	247	165
上　海	34	5 664	12 638.5	5 705	48	418
江　苏	471	16 933	526 574.3	162 414	4 591	3 685
浙　江	302	13 878	242 041.3	34 113	1 977	1 009
安　徽	311	21 088	511 323.7	38 529	3 866	2 816
福　建	192	8 703	86 731.0	23 122	2 818	680
江　西	175	1 876	267 463.6	56 542	1 784	1 981
山　东	358	8 981	292 698.6	42 463	1 113	925
河　南	204	2 206	87 522.9	33 641	412	783
湖　北	387	14 957	466 145.0	163 400	1 246	3 298
湖　南	169	4 616	182 312.5	80 878	1 612	1 630
广　东	162	49 464	146 657.0	75 688	1 606	620
广　西	214	8 247	133 767.6	85 600	1 699	1 449
海　南	8	534	3 866.0	3 949	175	79
重　庆	84	2 698	39 574.4	19 350	1 695	593
四　川	177	5 004	175 865.9	119 937	1 953	2 829
贵　州	102	464	141 103.9	437 887	996	973
云　南	92	1 442	66 795.4	50 919	420	341
陕　西	95	8 556	23 801.7	6 089	665	412
甘　肃	53	323	6 714.7	1 927	250	274
青　海	7	93	309.4		47	56
宁　夏	81	1 487	33 749.1	1 710	162	167
新　疆	9	64	10 924.8	300	54	43
大　连		4 010	4 200.0	842	97	9
青　岛	64	3 685	8 943.7	2 170	101	33
宁　波	55	3 996	118 650.2	8 698	319	84
厦　门		286	1 120.0	1 520	5	
深　圳	7	190	233.0	78	20	
新疆兵团			3 427.0	80	9	5

各地区水产技术推广履职成效情况(二)

地　区	渔民技术培训		推广人员培训		公共信息服务		
	期数(期)	人数(人次)	业务培训(人次)	学历教育(人次)	信息覆盖用户(户)	发布公共信息(条)	发放技术资料(份)
全国总计	**13 775**	**910 037**	**44 923**	**2 522**	**1 603 710**	**3 663 406**	**5 279 680**
北　京	45	7 453	191	2	1 258	10 695	3 269
天　津	62	2 400	854	80	2 717	1 543	10 909
河　北	215	10 926	730	44	7 694	4 832	31 327
山　西	28	1 023	79	7	539	1 142	14 735
内蒙古	111	4 929	543	49	38 147	78 337	34 415
辽　宁	31	1 962	455	2	5 377	24 717	7 994
吉　林	51	2 241	647	61	5 040	22 234	19 109
黑龙江	137	8 863	468	52	11 687	3 192	27 107
上　海	234	10 386	1 786	24	4 065	10 845	41 956
江　苏	1 811	134 460	6 083	220	160 540	204 655	528 743
浙　江	652	49 321	2 806	53	93 555	89 565	91 014
安　徽	924	67 143	3 333	247	119 043	143 511	333 075
福　建	359	15 116	1 983	26	111 807	569 862	255 807
江　西	542	29 544	1 027	242	44 498	47 254	212 986
山　东	625	37 267	2 633	223	91 667	49 965	224 452
河　南	469	32 005	1 009	109	33 024	121 721	247 500
湖　北	1 737	135 649	1 186	109	233 300	709 065	1 002 058
湖　南	772	38 439	1 614	196	43 698	157 703	296 788
广　东	828	50 860	3 076	384	116 366	946 523	180 578
广　西	542	26 830	4 276	100	105 068	90 482	188 591
海　南	51	5 636	134	7	6 769	3 992	9 540
重　庆	334	26 567	799	16	17 895	22 534	127 193
四　川	1 095	77 543	2 861	58	99 982	185 760	749 630
贵　州	727	60 198	2 411	91	201 507	29 453	201 596
云　南	617	40 638	1 146	22	14 638	56 844	163 702
陕　西	274	12 471	1 566	69	10 954	9 477	142 281
甘　肃	165	3 410	330	14	1 906	3 069	25 520
青　海	22	510	130	4	178	396	2 734
宁　夏	164	8 459	273		2 555	10 839	46 112
新　疆	11	364	44	3	404	472	4 074
大　连	2	68	44	2	720	24 540	1 040
青　岛	60	3 574	160	6	12 108	14 419	26 030
宁　波	50	2 435	183		4 233	9 758	6 835
厦　门	23	1 147	18		362	2 865	1 280
深　圳	4	140	35		189	945	19 460
新疆兵团	1	60	10		220	200	240

各地区水产技术推广机构技术成果

地　区	技术成果数量（个）	审定新品种（个）	获奖情况（个）				获得专利（项）	发表论文（篇）	制定标准/规范（个）	出版图书（本）
			国家级	省部级	市厅级	县　级				
全国总计	**166**	**1**	**8**	**85**	**88**	**36**	**214**	**1 456**	**222**	**153**
北　京	4			3			3	15	1	
天　津	12			2						
河　北	3			2	5		12	69	9	5
山　西										
内蒙古				3			1	17		4
辽　宁	2				1		1	43	4	
吉　林	2			1	1		3	24	3	
黑龙江	2			1			13	53		1
上　海	9			4			17	45	2	3
江　苏	11			19	12	3	26	200	34	1
浙　江	18			4	10	3	9	52	21	6
安　徽	9		4	4	4	11	12	131	20	4
福　建	4			3	1		13	64	2	2
江　西	3				5	9	3	34	9	2
山　东	2				4		26	79	6	1
河　南	12		2	16	6	4	6	62	20	5
湖　北	1			2				29	9	2
湖　南	23		1	7	23	3	3	191	38	104
广　东	13				4		6	29	10	1
广　西	5						13	53	1	3
海　南	1				1			1		
重　庆	2			9			10	54	5	2
四　川	10			1	1	1	3	11	9	
贵　州			1	2	3		3	22		3
云　南				1			2	18		
陕　西					1		2	56	2	
甘　肃	7				4		12	22	1	
青　海	2			1			1	6		1
宁　夏					1			10		1
新　疆	2						4	23	13	2
大　连	1						1	10	2	
青　岛	1						3	3		
宁　波	5	1			1	2	6	25	1	
厦　门										
深　圳								5		
新疆兵团										

第七部分

灾　　害

各地区渔业灾情造成的经济损失(一)

单位:万元

地区	1. 水产品损失					
	合计	台风、洪涝	病害	干旱	污染	其他
全国总计	**1 525 996.46**	**1 151 197.97**	**208 778.81**	**72 865.49**	**20 537.84**	**72 616.35**
北京	110.00		110.00			
天津	3 629.30		787.20			2 842.10
河北	11 515.00	95.00	1 830.00		390.00	9 200.00
山西	32.00	5.00				27.00
内蒙古	2 674.00	20.00	63.00	2 166.00		425.00
辽宁	5 969.00	3 013.00	706.00		250.00	2 000.00
吉林	3 560.00	3 500.00		40.00		20.00
黑龙江	14 971.70	14 971.70				
上海	1 525.01	2.50	1 275.01		247.50	
江苏	107 706.00	38 226.00	45 785.00	4 639.00	2 567.00	16 489.00
浙江	61 014.00	31 750.00	28 099.00	1 092.00	25.00	48.00
安徽	361 572.80	325 439.23	20 069.52	12 698.49	2 875.56	490.00
福建	6 799.00	1 374.00	5 240.00	173.00	10.00	2.00
江西	210 880.86	146 503.22	46 777.86	11 416.28	946.98	5 236.52
山东	50 534.70	26 012.40	6 984.20	6 014.10	11 135.00	389.00
河南	41 185.00	26 027.00	1 806.00	12 999.00	185.00	168.00
湖北	348 502.00	321 276.00	9 816.00	2 497.00	173.00	14 740.00
湖南	122 278.00	95 821.00	8 405.00	13 782.00	529.00	3 741.00
广东	49 952.36	20 339.43	21 987.00	2 407.61	663.39	4 554.93
广西	21 424.19	9 714.74	1 264.70	315.35	253.30	9 876.10
海南	2 620.00	338.00	770.00		192.00	1 320.00
重庆	8 819.00	8 176.00	531.00	69.00	7.00	36.00
四川	59 496.70	58 351.80	1 123.90	21.00		
贵州	14 627.17	14 408.95	38.22	166.00		14.00
云南	11 111.03	4 974.45	2 951.60	2 128.66	86.62	969.70
西藏						
陕西	971.00	660.50	42.50	241.00		27.00
甘肃	210.14	198.05	9.60		1.49	1.00
青海						
宁夏	128.50		128.50			
新疆	2 178.00		2 178.00			

各地区渔业灾情造成的经济损失(二)

单位:万元

地　区	2.(台风、洪涝)损毁渔业设施							
	合　计	池　塘	网箱（鱼排）	围　栏	沉　船	船　损	堤　坝	泵　站
全国总计	**293 670.05**	**182 043.64**	**4 698.85**	**1 697.92**	**1 468.00**	**2 774.26**	**45 184.10**	**3 494.11**
北　京								
天　津								
河　北	1.00	1.00						
山　西								
内蒙古	1 285.00	1 285.00						
辽　宁	6 614.00					26.00	5 044.00	40.00
吉　林	800.00						800.00	
黑龙江	1 900.00	1 900.00						
上　海	35.30					35.30		
江　苏	2 636.00	1 209.00	133.00	54.00			132.00	
浙　江	16 962.00	4 245.00	2 010.00	59.00	1 263.00	407.00	289.00	
安　徽	46 663.27	26 058.30	354.55	94.42	70.00	24.66	10 574.27	275.11
福　建	3 591.00	224.00	332.00			1 536.00	2.00	
江　西	23 851.98	17 276.28	242.00	147.00	49.70	7.00	2 048.00	8.00
山　东	3 757.80	2 407.80				52.00	260.00	
河　南	1 530.00	923.00	21.80	254.20			25.00	40.00
湖　北	131 636.00	89 842.00	368.00	772.00		625.00	19 395.00	2 791.00
湖　南	27 234.00	19 080.00			32.00	37.00	4 051.00	67.00
广　东	8 097.22	5 165.82	1 093.00	25.00		20.00	486.40	20.00
广　西	1 069.33	426.56	134.50		2.30	1.30	45.38	
海　南	650.00	650.00						
重　庆	1 730.00	1 239.00			21.00	3.00	420.00	
四　川	7 756.03	6 628.61			30.00		486.00	249.00
贵　州	1 614.72	1 034.77		45.00			350.05	
云　南	2 951.00	2 063.00					622.00	4.00
西　藏								
陕　西	1 288.60	381.50	10.00	242.00			148.00	
甘　肃	15.80	3.00		5.30			6.00	
青　海								
宁　夏								
新　疆								

各地区渔业灾情造成的经济损失(三)

单位:万元

地 区	2.(台风、洪涝)损毁渔业设施(续)							直接经济损失合计
	涵 闸	码 头	护 岸	防波堤	工厂化养殖	苗种繁育场	其 他	
全国总计	**6 517.16**	**1 947.00**	**4 969.25**	**5 331.47**	**9 519.36**	**8 219.00**	**15 805.93**	**1 819 666.51**
北 京								110.00
天 津								3 629.30
河 北								11 516.00
山 西								32.00
内蒙古								3 959.00
辽 宁	237.00	55.00	150.00	81.00	800.00	180.00	1.00	12 583.00
吉 林								4 360.00
黑龙江								16 871.70
上 海								1 560.31
江 苏				270.00	151.00	400.00	287.00	110 342.00
浙 江		1 288.00	890.00	323.00	4 500.00	829.00	859.00	77 976.00
安 徽	1 127.16		943.75	665.05	1 505.00	920.00	4 051.00	408 236.07
福 建						165.00	1 332.00	10 390.00
江 西	872.00		388.50	331.00	635.00	341.00	1 506.50	234 732.84
山 东		302.00			288.00	438.00	10.00	54 292.50
河 南	26.00					220.00	20.00	42 715.00
湖 北	3 947.00		1 302.00	3 026.00	511.00	3 736.00	5 321.00	480 138.00
湖 南	81.00	302.00	777.00	116.00	572.00	711.00	1 408.00	149 512.00
广 东	221.00		470.00	517.00			79.00	58 049.58
广 西			2.00	1.30	185.36	25.20	245.43	22 493.52
海 南								3 270.00
重 庆			10.00		12.00		25.00	10 549.00
四 川	4.00		36.00			18.30	304.12	67 252.73
贵 州				1.12	60.00	100.00	23.78	16 241.89
云 南	2.00				50.00		210.00	14 062.03
西 藏								
陕 西					250.00	135.50	121.60	2 259.60
甘 肃							1.50	225.94
青 海								
宁 夏								128.50
新 疆								2 178.00

各地区渔业灾情造成的数量损失(一)

地　区	1. 受灾养殖面积(公顷)						2. 水产品损失(吨)		
	合　计	台风、洪涝	病　害	干　旱	污　染	其　他	合　计	台风、洪涝	病　害
全国总计	**808 794**	**573 625**	**124 397**	**57 854**	**8 372**	**44 546**	**1 169 504**	**923 963**	**139 820**
北　京	93		93				62		62
天　津	1 972		1 012			960	4 567		986
河　北	2 681	1 081	754		65	781	2 043	80	754
山　西	13	3		1		9	25	4	
内蒙古	2 676	1	23	2 404		248	2 069	10	38
辽　宁	2 197	81	116		2 000		1 587	243	574
吉　林	618	400		200		18	2 044	2 000	
黑龙江	2 529	2 529					9 899	9 899	
上　海	480	1	458		21		553	1	527
江　苏	61 336	15 875	25 884	4 133	2 226	13 218	40 906	16 103	17 501
浙　江	61 465	52 669	7 979	786	24	7	26 636	16 102	10 374
安　徽	168 240	140 805	13 537	11 497	1 727	674	236 875	211 941	12 974
福　建	1 508	454	711	340	1	2	6 264	1 134	4 898
江　西	109 072	68 533	32 000	6 981	406	1 152	186 251	127 292	43 689
山　东	23 380	10 333	4 019	7 394	895	739	38 601	14 649	6 485
河　南	25 324	16 754	2 494	5 755	182	139	37 305	25 484	1 647
湖　北	215 766	191 317	10 352	2 303	82	11 712	372 119	360 019	7 523
湖　南	63 794	31 982	14 353	12 173	150	5 136	73 507	56 833	7 063
广　东	28 767	11 099	5 990	1 907	479	9 292	52 046	20 709	18 656
广　西	4 265	2 286	1 390	363	70	156	10 378	3 999	1 014
海　南	233	80	76		25	52	1 122	264	448
重　庆	2 124	1 611	412	74	3	24	5 252	4 053	965
四　川	12 667	12 510	152	5			35 141	34 465	666
贵　州	12 858	12 520	7	320		11	7 016	6 923	11
云　南	3 018	508	1 122	1 202	6	180	15 230	11 241	1 528
西　藏									
陕　西	273	188	24	15	10	36	555	463	39
甘　肃	7	5	1	1			56	52	3
青　海									
宁　夏	83		83				110		110
新　疆	1 355		1 355				1 285		1 285

各地区渔业灾情造成的数量损失（二）

地　区	2. 水产品损失（吨）（续）			3.（台风、洪涝）损毁渔业设施					
	干　旱	污　染	其　他	池塘（公顷）	网箱（鱼排）（箱）	围栏（千米）	沉船（艘）	船损（艘）	堤坝（米）
全国总计	**62 323**	**13 389**	**30 009**	**155 226**	**28 250**	**19 258**	**83**	**688**	**2 572 867**
北　京									
天　津			3 581						
河　北		135	1 074	10					550
山　西			21	2					
内蒙古	1 831		190	319					
辽　宁		500	270	2			11		20 510
吉　林	24		20						120
黑龙江				2 529					
上　海		25						4	
江　苏	2 797	2 599	1 906	300	16	7			84
浙　江	132	19	9	1 281	4 464	4	7	97	668
安　徽	9 919	1 813	228	24 399	1 146	18 032	4	12	1 037 880
福　建	227	3	2	65	785			3	4
江　西	11 524	732	3 014	32 427	370	624	21	3	76 688
山　东	10 900	6 222	345	4 014				28	350
河　南	9 792	218	164	369	262	216			300
湖　北	1 906	126	2 545	72 414	19 883	63		418	1 310 129
湖　南	8 098	78	1 435	9 458	100		38	115	105 009
广　东	2 660	591	9 430	2 908	1 167	5			2 997
广　西	283	185	4 897	199	37		1	1	479
海　南		70	340	83					
重　庆	196	6	32	263				7	8 351
四　川	10			3 717			1		2 656
贵　州	76		6	289		5			2 290
云　南	1 912	66	483	133					1 750
西　藏									
陕　西	36		17	42	20	302			2 052
甘　肃		1		3					
青　海									
宁　夏									
新　疆									

各地区渔业灾情造成的数量损失(三)

地　　区	3.(台风、洪涝)损毁渔业设施(续)							4.人员损失(人)			
	泵站(座)	涵闸(座)	码头(米)	护岸(米)	防波堤(米)	工厂化养殖(座)	苗种繁育场(个)	合计	失踪	死亡	重伤
全国总计	**869**	**1 201**	**4 227**	**83 782**	**38 425**	**124**	**87**	**22**	**17**	**5**	
北　京											
天　津											
河　北						8					
山　西											
内蒙古											
辽　宁	359	26	450	1 000	2 150	18	2	3	2	1	
吉　林											
黑龙江											
上　海											
江　苏				890	150	2					
浙　江			2 071	399	380	57	13	10	10		
安　徽	17	201		10 717	6 820	5	8				
福　建							9	9	5	4	
江　西		15		34 923	14 153	3	4				
山　东			2	151	420	18	3				
河　南	2	6					4				
湖　北	354	739		30 182	9 720	7	23				
湖　南	45	22	1 700	1 500	460	1	12				
广　东	30	156		970	1 320						
广　西	18			200	35	1	1				
海　南											
重　庆		15		110							
四　川	43	20		2 740			1				
贵　州					317	1	5				
云　南	1	1				1					
西　藏											
陕　西			4		2 500	2	2				
甘　肃											
青　海											
宁　夏											
新　疆											

附　　录

附录 1

水产品产量数据调整说明

1. 根据第二次农业普查结果调整水产品产量数据说明

第二次全国农业普查结束后，按照国家统计局要求，原农业部对 2006 年渔业统计数据进行了调整。调整以农业普查水产养殖面积调查结果为依据，以各省（自治区、直辖市）2006 年的养殖单产水平、养殖结构为参考依据，综合测算各省（自治区、直辖市）水产品产量调减比例，核定 2006 年水产品产量。并以此为基数，参考渔业统计年报中各年度间的产量调整比例，对 1997—2005 年的水产品产量数据进行了相应调整。

2. 根据第三次农业普查结果调整水产品产量数据说明

第三次全国农业普查结束后，农业农村部联合国家统计局对 2016 年渔业统计数据进行了调整。调整以农业普查结果为依据，对各省（自治区、直辖市）2016 年水产养殖面积进行适当核定修正，并以各省（自治区、直辖市）2016 年水产养殖面积、从业人员、水产苗种等指标数据为参考依据，综合测算核定各省（自治区、直辖市）2016 年水产品产量。并以此为基数，参考渔业统计年报中各年度间的产量调整比例，对 2012—2015 年的水产品产量数据进行了相应调整。

附录 2

调整后历年产量对照表（一）

单位：万吨

年份	调整前	调整后	其　中				
			海洋捕捞	远洋渔业	海水养殖	淡水捕捞	淡水养殖
1988	1 225.32	1 225.32	504.66	9.64	249.29	71.98	389.75
1989	1 332.58	1 332.58	548.33	10.71	275.73	80.78	417.03
1990	1 427.26	1 427.26	594.40	17.09	284.22	85.64	445.91
1991	1 572.99	1 572.99	644.35	32.35	333.31	100.39	462.59
1992	1 824.46	1 824.46	720.84	46.43	424.31	99.09	533.79
1993	2 152.31	2 152.31	795.53	56.22	540.23	112.07	648.26
1994	2 515.69	2 515.69	925.61	68.83	604.80	126.79	789.66
1995	2 953.04	2 953.04	1 054.07	85.68	721.51	151.02	940.76
1996	3 280.72	3 280.72	1 152.99	92.65	765.89	175.43	1 093.76
1997	3 601.78	**3 118.59**	1 092.73	103.70	691.66	163.45	1 067.04
1998	3 906.65	**3 382.66**	1 201.25	91.31	751.99	197.51	1 140.60
1999	4 122.43	**3 570.15**	1 203.46	89.91	851.89	197.95	1 226.94
2000	4 278.99	**3 706.23**	1 189.43	86.52	927.96	193.44	1 308.88
2001	4 382.09	**3 795.92**	1 155.64	88.49	989.38	186.23	1 376.20
2002	4 565.18	**3 954.86**	1 128.34	109.64	1 060.47	194.71	1 461.69
2003	4 706.11	**4 077.02**	1 121.20	115.77	1 095.86	213.28	1 530.92
2004	4 901.77	**4 246.57**	1 108.08	145.11	1 151.29	209.60	1 632.49
2005	5 101.65	**4 419.86**	1 111.28	143.81	1 210.81	220.97	1 733.00
2006	5 290.40	**4 583.60**	1 136.40	109.07	1 264.16	220.38	1 853.59
2007	4 747.52	4 747.52	1 136.03	107.52	1 307.34	225.64	1 970.99
2008	4 895.59	4 895.59	1 149.63	108.33	1 340.32	224.82	2 072.49
2009	5 116.40	5 116.40	1 178.61	97.72	1 405.22	218.39	2 216.46
2010	5 373.00	5 373.00	1 203.59	111.64	1 482.30	228.94	2 346.53
2011	5 603.21	5 603.21	1 241.94	114.78	1 551.33	223.23	2 471.93
2012	5 907.68	**5 502.14**	1 190.02	124.40	1 575.20	204.02	2 408.51
2013	6 172.00	**5 744.22**	1 191.99	135.70	1 664.65	204.17	2 547.69
2014	6 461.52	**6 001.92**	1 200.18	203.68	1 732.40	202.49	2 663.17
2015	6 699.64	**6 210.97**	1 216.81	218.93	1 796.56	199.34	2 779.34
2016	6 901.25	**6 379.48**	1 187.20	198.75	1 915.31	200.33	2 877.89
2017		6 445.33	1 112.42	208.62	2 000.70	218.30	2 905.29
2018		6 457.66	1 044.46	225.75	2 031.22	196.39	2 959.84
2019		6 480.36	1 000.15	217.02	2 065.33	184.12	3 013.74
2020		6 549.02	947.41	231.66	2 135.31	145.75	3 088.89

注：根据第二次全国农业普查结果调整了 1997—2006 年产量，根据第三次全国农业普查结果调整了 2012—2016 年产量。

调整后历年产量对照表(二)

单位:万吨

年份	调整前	调整后	海洋产品			淡水产品		
				捕捞	养殖		捕捞	养殖
1988	1 225.32	1 225.32	763.59	514.30	249.29	461.73	71.98	389.75
1989	1 332.58	1 332.58	834.77	559.04	275.73	497.81	80.78	417.03
1990	1 427.26	1 427.26	895.71	611.49	284.22	531.55	85.64	445.91
1991	1 572.99	1 572.99	1 010.01	676.70	333.31	562.98	100.39	462.59
1992	1 824.46	1 824.46	1 191.58	767.27	424.31	632.88	99.09	533.79
1993	2 152.31	2 152.31	1 391.98	851.75	540.23	760.33	112.07	648.26
1994	2 515.69	2 515.69	1 599.24	994.44	604.80	916.45	126.79	789.66
1995	2 953.04	2 953.04	1 861.26	1 139.75	721.51	1 091.78	151.02	940.76
1996	3 280.72	3 280.72	2 011.53	1 245.64	765.89	1 269.19	175.43	1 093.76
1997	3 601.78	3 118.59	1 888.10	1 196.44	691.66	1 230.50	163.45	1 067.04
1998	3 906.65	3 382.66	2 044.55	1 292.56	751.99	1 338.11	197.51	1 140.60
1999	4 122.43	3 570.15	2 145.26	1 293.37	851.89	1 424.89	197.95	1 226.94
2000	4 278.99	3 706.23	2 203.91	1 275.95	927.96	1 502.32	193.44	1 308.88
2001	4 382.09	3 795.92	2 233.50	1 244.12	989.38	1 562.42	186.23	1 376.20
2002	4 565.18	3 954.86	2 298.45	1 237.98	1 060.47	1 656.40	194.71	1 461.69
2003	4 706.11	4 077.02	2 332.82	1 236.97	1 095.86	1 744.20	213.28	1 530.92
2004	4 901.77	4 246.57	2 404.47	1 253.18	1 151.29	1 842.09	209.60	1 632.49
2005	5 101.65	4 419.86	2 465.89	1 255.08	1 210.81	1 953.97	220.97	1 733.00
2006	5 290.40	4 583.60	2 509.63	1 245.47	1 264.16	2 073.97	220.38	1 853.59
2007	4 747.52	4 747.52	2 550.89	1 243.55	1 307.34	2 196.63	225.64	1 970.99
2008	4 895.59	4 895.59	2 598.28	1 257.96	1 340.32	2 297.31	224.82	2 072.49
2009	5 116.40	5 116.40	2 681.55	1 276.33	1 405.22	2 434.85	218.39	2 216.46
2010	5 373.00	5 373.00	2 797.53	1 315.23	1 482.30	2 575.47	228.94	2 346.53
2011	5 603.21	5 603.21	2 908.05	1 356.72	1 551.33	2 695.16	223.23	2 471.93
2012	5 907.68	5 502.14	2 889.61	1 314.41	1 575.20	2 612.53	204.02	2 408.51
2013	6 172.00	5 744.22	2 992.35	1 327.70	1 664.65	2 751.87	204.17	2 547.69
2014	6 461.52	6 001.92	3 136.25	1 403.85	1 732.40	2 865.66	202.49	2 663.17
2015	6 699.64	6 210.97	3 232.29	1 435.73	1 796.56	2 978.67	199.34	2 779.34
2016	6 901.25	6 379.48	3 301.26	1 385.95	1 915.31	3 078.22	200.33	2 877.89
2017	6 445.33	6 445.33	3 321.74	1 321.04	2 000.70	3 123.59	218.30	2 905.29
2018	6 457.66	6 457.66	3 301.43	1 270.21	2 031.22	3 156.23	196.39	2 959.84
2019	6 480.36	6 480.36	3 282.50	1 217.17	2 065.33	3 197.86	184.12	3 013.74
2020	6 549.02	6 549.02	3 314.38	1 179.07	2 135.31	3 234.64	145.75	3 088.89

附录 3

渔业统计指标解释

第一章 水产品产量

第 1 条 水产品特征及产量统计范围

水产品指渔业(捕捞和养殖)生产活动的最终有效成果,它具有以下特征:

(1)它是渔业生产活动的成果。水产品既是渔业生产的劳动对象,也是渔业生产的劳动成果,它包括全部海淡水鱼类、甲壳类(虾、蟹)、贝类、头足类、藻类和其他类渔业产品。

(2)它是渔业生产活动的最终成果。渔业生产过程中的中间成果,如鱼苗、鱼种、亲鱼、转塘鱼、存塘鱼和自用作饵料的产品,不是最终成果,不能统计在水产品产量中。

(3)它是渔业生产活动的最终有效成果。水产品在上岸前已经腐烂变质,不能供人食用或加工成其他制品的,不统计在水产品产量中。

第 2 条 产量统计年度和统计者

(1)年水产品产量按日历年度计算。即从每年 1 月 1 日至 12 月 31 日止已从养殖水域捕捞起水或者已从天然水域捕捞并已返航卸港的水产品均统计在年产量中,有的生产渔船在外地收港卸鱼或者在海上由收购船扒载收购的,也按到港计算产量。

(2)水产品产量统计中,养殖产量按照水域所在地统计,国内捕捞产量按照渔船所属地统计,远洋渔业产量按照远洋渔业管理办法进行统计。

第 3 条 产量计量标准

除海蜇按三矾后的成品计量、各种藻类按干品计量外,其余各种水产品均按捕捞起水时鲜品实重(原始重量)计量。此外,供观赏的水生动物按个体计算。

第 4 条 养殖产量与捕捞产量划分原则

凡人工养殖并已起水的水产品数量为养殖产量,凡捕捞天然生长的水产品数量为捕捞产量。

(1)凡是人工投放苗种(不包括灌江纳苗)并进行人工饲养管理的淡水养殖水域中捕捞的水产品产量计算为淡水养殖产量,否则为淡水捕捞产量。

(2)凡是人工投放苗种或天然纳苗并进行人工饲养管理的海水养殖水域中捕捞的水产品产量计算为海水养殖产量,否则为海洋捕捞产量。

(3)稻田养殖起水的水产品,也计算为淡水养殖产量。

第 5 条 水产品分类

水产品分为海水产品和淡水产品两大类。

一、海水产品

海水产品包括海洋捕捞产品、海水养殖产品和远洋渔业产品。其中,海洋捕捞产品产量指国内海洋捕捞产品产量不包括远洋渔业产量。

1. 海洋捕捞产品：包括海洋捕捞鱼类、甲壳类（虾、蟹）、贝类、藻类、头足类和其他类。

（1）海洋捕捞鱼类：海鳗、鳓鱼、鳀鱼、沙丁鱼、鲱鱼、石斑鱼、鲷鱼、蓝圆鲹、白姑鱼、黄姑鱼、鮸鱼、大黄鱼、小黄鱼、梅童鱼、方头鱼、玉筋鱼、带鱼、金线鱼、梭鱼、鲐鱼、鲅鱼、金枪鱼、鲳鱼、马面鲀、竹筴鱼和鲻鱼等。

（2）海洋捕捞甲壳类：虾和蟹。虾包括毛虾、对虾、鹰爪虾、虾蛄等。蟹包括梭子蟹、青蟹和蟳等。

（3）海洋捕捞贝类：蛤、蛏、蚶和螺等。

（4）海洋捕捞藻类：江蓠、石花菜和紫菜等。

（5）海洋捕捞头足类：乌贼、鱿鱼和章鱼等。

（6）海洋捕捞其他类：海蜇等。

2. 海水养殖产品：包括海水养殖鱼类、甲壳类（虾、蟹）、贝类、藻类、其他类。

（1）海水养殖鱼类：鲈鱼、鲆鱼、大黄鱼、军曹鱼、鲕鱼、鲷鱼、美国红鱼、河鲀、石斑鱼和鲽鱼等。

（2）海水养殖甲壳类：虾和蟹。虾包括南美白对虾、斑节对虾、中国对虾和日本对虾等。蟹包括梭子蟹和青蟹等。

（3）海水养殖贝类：牡蛎、鲍、螺、蚶、贻贝、江珧、扇贝、蛤和蛏等。

（4）海水养殖藻类：海带、裙带菜、紫菜、江蓠、麒麟菜、石花菜、羊栖菜和苔菜等。

（5）海水养殖其他类：海参、海胆、海水珍珠和海蜇等。

3. 远洋渔业产品：见第 27 条。

二、淡水产品

淡水产品包括淡水养殖产品和淡水捕捞产品。

1. 淡水养殖产品：包括鱼类、甲壳类（虾、蟹）、贝类、藻类和其他类产品。

（1）淡水养殖鱼类：鲟鱼、鳗鲡、青鱼、草鱼、鲢鱼、鳙鱼、鲤鱼、鲫鱼、鳊鲂、泥鳅、鲇鱼、鮰鱼、黄颡鱼、鲑鱼、鳟鱼、河鲀、短盖巨脂鲤、长吻鮠、黄鳝、鳜鱼、鲈鱼、乌鳢和罗非鱼等。

（2）淡水养殖甲壳类：虾和河蟹，其中虾包括罗氏沼虾、青虾、克氏原螯虾和南美白对虾等。

（3）淡水养殖贝类：河蚌、螺、蚬等。

（4）淡水养殖藻类：即螺旋藻。

（5）淡水养殖其他类产品：龟、鳖、蛙和珍珠等。

（6）观赏鱼统计按"条"计量，其重量不计入淡水养殖总产量。

2. 淡水捕捞产品：包括鱼类、甲壳类（虾、蟹）、贝类、藻类和其他类。其他类中包括丰年虫等。

第 6 条　海洋捕捞产量（按海区、渔具分类）

1. 按捕捞海域分为渤海、黄海、东海和南海区产量。渤海、黄海、东海、南海区划分界线：

（1）渤海：东以辽宁老铁山西角经庙岛群岛至蓬莱角连线与黄海为界。

（2）黄海：南以长江口北角至韩国济州岛西南端连线与东海为界，东至朝鲜半岛与朝鲜海峡。

（3）东海：南以闽粤省界经东山岛南端至台湾省南端的鹅銮鼻灯塔连线与南海为界，东至对马海峡日本琉球群岛与我国台湾省。

(4)南海:东以巴士海峡、巴林塘海峡、菲律宾群岛与太平洋为界,南至加里曼丹,西临中南半岛及马来半岛。

2. 按捕捞渔具分为拖网、围网、刺网、张网、钓具和其他渔具产量。

(1)拖网:单拖和双拖。

(2)围网:单船围网、双船围网和多船围网。

(3)刺网:定置刺网、漂流刺网、包围刺网和拖曳刺网。

(4)张网:单桩、双桩、多桩、单锚、双锚、船张、樯张和并列张网。

(5)钓具:漂流延绳钓、定置延绳钓、曳绳钓和垂钓(如鱿钓)。

(6)其他渔具:地拉网、敷网、抄网、掩罩、陷阱、耙刺、笼壶等类型。

第 7 条　海水养殖产量(按养殖水域分类)

(1)海上养殖:在低潮位线以下从事海水养殖生产。

(2)滩涂养殖:在潮间带间从事海水养殖生产。

(3)其他养殖:在高潮位线以上从事海水养殖生产。

第 8 条　淡水养殖产量(按养殖水域分类)

按养殖水面类型不同,分为池塘、湖泊、水库、河沟、稻田及其他养殖方式。

第 9 条　部分养殖方式分类产量

(1)普通网箱:网箱一般由合成纤维如尼龙、聚氯乙烯等网线编织而成,装置在网箱架上。普通网箱面积均为数平方米到数十平方米。一般安置在港湾、沿岸、湖泊、水库和河沟等水域。

(2)深水网箱:深水网箱是一种大型海水网箱,主要有重力式聚乙烯网箱、浮绳式网箱和碟形网箱三种类型,具有抗风浪性能。网箱水体均为数百立方米到数千立方米。深水网箱一般安置在水深 20 米以下的海域。

(3)工厂化:工厂化养殖即按工艺过程的连续性和流水性的原则,通过机械或自动化设备,对养殖水体进行水质和水温的控制,保持最适宜于鱼类生长和发育的生态条件,使鱼类的繁殖、苗种培育、商品鱼的养殖等各个环节能相互衔接,形成一个独自的生产体系,以进行无季节性的连续生产,达到高效率、高速度的养殖目的。

第二章　水产养殖面积

第 10 条　水产养殖面积

水产养殖面积指在报告期内实际用于养殖水产品的水面面积,包括海水养殖面积和淡水养殖面积。在报告期内无论是否全部收获或尚未收获其产品,均应统计在养殖面积中。但有些水面不投放苗种或投放少量苗种,只进行一般管理的,不统计为养殖面积。养殖面积法定计量单位为公顷。

第 11 条　海水养殖面积

海水养殖面积指利用天然海水养殖水产品的水面面积,包括海上养殖、滩涂养殖、其他养殖。工厂化、深水网箱不计入养殖面积。

第 12 条　淡水养殖面积

淡水养殖面积指在淡水水域养殖水产品的水面面积，包括池塘、湖泊、水库、河沟和其他五部分。工厂化、稻田养殖不计入养殖总面积。

第 13 条　养殖面积核算

（1）海上、滩涂、池塘、湖泊、水库、河沟等方式养殖面积按照实际使用的水面计算，计量单位为公顷。

（2）普通网箱按照实际占用水面计算面积，计量单位为米^2。

（3）工厂化养殖：按照实际养殖水体的体积计算，计量单位为米^3。

（4）深水网箱：按照实际占用水的体积计算，计量单位为米^3。

（5）在江河、湖泊、水库投放苗种或灌江纳苗、增殖放流的水域不统计面积；湖泊、水库、河沟虽有专人管理，或有苗种投放，但人工养殖水产品起捕量不足 30% 的水面也不统计为养殖面积（其产量列入捕捞产量）。

第三章　渔业经济总产值和增加值

第 14 条　渔业经济总产值和增加值

渔业经济总产值和增加值指以货币表现的核算期内渔业经济活动的总产出和总成果，包括了全社会渔业、渔业工业和建筑业、渔业流通和服务业。

第 15 条　渔业产值和增加值

渔业产值指以货币表现的核算期内捕捞和养殖水产品及水产苗种的总产出和总成果。具体包括人工养殖的水生动物和海藻的产值、天然水生动物和天然海藻采集的产值，即包括海洋捕捞、海水养殖、淡水捕捞、淡水养殖产品以及水产苗种的产出。其计算方法：水产品及苗种的产量分别乘以其产品的现行价格。

渔业增加值指以货币表现的核算期内全社会从事渔业捕捞和养殖生产活动所创造的最终产品的价值，其计算方法：渔业总产出扣除渔业中间投入。

渔业产值和增加值的数据取自同级统计部门。

第 16 条　渔业工业、建筑业产值和增加值

渔业工业、建筑业产值和增加值指以货币表现的核算期内全社会从事水产品加工业、渔用机具制造业、渔用饲料工业、渔用药物制造业、渔业建筑业等的产出和成果。

水产品加工业产值等于加工产品量乘以现行价格，其增加值采用食品加工业增加值率进行推算。

渔用机具制造业产值、增加值等于渔船渔机修造业、渔用绳网制造业和其他设备制造业的产值、增加值之和；其产值计算方法主要采用“工厂法”计算，增加值的计算方法采用统计部门“规模以上工业企业总产值表”中的相应指标增加值率进行推算。

渔用饲料工业产值主要采用“工厂法”，增加值是渔用饲料工业现行总产出乘以“规模以上”饲料工业现价增加值率。

渔用药物制造业产值取同级相关部门统计年报表中的有关数据，其增加值等于渔用药物总产出乘以“规模以上”生物制药业现价增加值率。

渔业建筑业产值计算方法是从建筑产品所有方的建筑工程造价角度入手,依据投资完成额计算,其增加值采用建筑业增加值率来推算。

第 17 条　渔业流通和服务业产值和增加值

渔业流通和服务业包括渔业流通业,渔业(仓储)运输业,休闲渔业,渔业文化教育、科学技术和信息等产值和增加值。

渔业流通业产值以营业额来计算,其增加值等于渔业流通业产值乘以批发零售贸易业现价增加值率进行推算。

渔业(仓储)运输业产值即营业收入,其增加值计算方法与建筑业相同。

休闲渔业产值包括涉渔的一切旅游服务业产值,以营业额计算,其增加值用旅游业增加值率进行推算。

渔业文化教育、科学技术和信息等产值及其增加值根据财政部门《一般预算支出决算明细表》和有关资料进行推算。

第 18 条　计算总产值的价格

计算总产值的价格按当年价格计算。

当年价格就是当年出售产品时的实际价格。水产品当年价格以各地渔业生产单位初次出售的价格的平均价格为依据;工业产品以报告期内的产品出厂价格为当年价格。商业以零售价格为当年价格。

第四章　渔业船舶拥有量

第 19 条　渔业船舶

渔业船舶指从事渔业生产的船舶以及为渔业生产服务的船舶,按有无推进动力分为机动渔业船舶和非机动渔业船舶。按生产性质分为生产渔船和辅助渔船。

国内海洋捕捞渔业船舶转为远洋渔业船舶的当年,应纳入远洋渔业船舶统计范围内,在国内渔船统计范围中不再进行统计。

第 20 条　机动渔业船舶

机动渔业船舶指依靠本船主机动力来推进的渔业船舶,分为渔业生产船和渔业辅助船。

渔业生产船是直接从事渔业捕捞和养殖活动的船舶统称。从事捕捞业活动的渔船为捕捞船,从事养殖业活动的渔船为养殖船。捕捞船,按主机总功率分为:441 千瓦(含)以上、44.1(含)~441 千瓦、44.1 千瓦以下三类;按船长分为:24 米(含)以上、12(含)~24 米、12 米以下;按作业方式分为拖网、围网、刺网、张网、钓具、其他共 6 类,有关解释请参照第 6 条的相关内容。

渔业辅助船指从事各种加工、贮藏、运输、补给、渔业执法等渔业辅助活动的渔业船舶统称,包括水产运销船、冷藏加工船、油船、供应船、科研调查船、教学实习船、渔港工程船、拖轮、驳船和渔业行政执法船等。其中捕捞辅助船指水产运销船、冷藏加工船、油船、供应船等为渔业捕捞生产提供服务的渔业船舶。钓具、围网等作业渔船中的子船纳入捕捞辅助船统计范围。

机动渔船年末拥有量应按数量、吨位、功率分别统计,各计量单位规定如下:

(1)数量的单位为“艘”,“艘”应按船舶单元计算,子母式作业船应分别统计。

(2)吨位的单位为“总吨”,“总吨”应为丈量确定的船舶总容积,每 2.83 米^{3}为 1 总吨。

(3)功率的单位为“千瓦”,“千瓦”应按主机总功率计算。1 马力等于 0.735 千瓦。

第 21 条　非机动渔船

非机动渔船指无配置机器作为动力的渔船,依靠人力、风力、水力或其他船只带动的渔业船舶,包括风帆船、手摇船等。

第五章　渔业灾情

第 22 条　渔业灾情

渔业灾情指由于遭受台风(洪涝)、病害、干旱、污染和其他灾害而造成水产品产量减少、苗种损失、设施损坏、水域污染以及人员伤亡等。

水产品损失指由于灾害造成的水产品损失数量和金额。

受灾养殖面积指由于灾害造成水产品产量损失在 10% 以上的养殖面积。

渔业设施损毁指由于台风(洪涝)造成池塘、网箱(鱼排)、围栏、渔船损坏或沉没、堤坝、泵站、涵闸、码头、护岸、防波堤、工厂化养殖场及苗种繁育场等被毁,从而造成的渔业设施毁坏的数量和金额。

人员损失指由于灾害而造成人员失踪、死亡和重伤的人数。

第六章　渔业人口与渔业从业人员

第 23 条　渔业乡和渔业村

在农村中,从事渔业生产与经营的人员占全部从业人员 50% 以上或渔业产值占农业产值的比重 50% 以上的乡、村,即为渔业乡和渔业村;达不到上述标准的,但一直是以经营渔业为主,并经上级主管部门批准定为渔业乡、村的,亦可统计为渔业乡和渔业村。

第 24 条　渔业户(家庭)

渔业户指农(渔)村和城镇住户中主要从事渔业生产与经营的家庭。凡家庭主要劳动力或多数劳动力从事渔业生产与经营的时间占全年劳动时间 50%(6 个月)以上或渔业纯收入占家庭纯收入总额 50% 以上者均可统计为渔业户。

第 25 条　渔业人口

渔业人口指依靠渔业生产和相关活动维持生活的全部人口,包括实际从事渔业生产和相关活动的人口及其赡(抚)养的人口,具体如下:

(1)直接从事渔业生产和相关活动的在业人口。

(2)兼营渔业和其他非渔业劳动者中,凡从事渔业生产和相关活动的时间全年累计达到或超过 3 个月者,或者虽全年累计不足 3 个月,但渔业纯收入占纯收入总额比重超过 50% 者。

(3)由从事渔业生产和相关活动的人口赡(抚)养的人口。

(4)在既有渔业劳动者又有非渔业劳动者的家庭中,根据渔业与非渔业纯收入比例分摊的被渔业劳动者赡(抚)养的人口。

渔业人口中的传统渔民:指凡渔业乡、渔业村的渔业人口均可称为传统渔民。

第 26 条　渔业从业人员

渔业从业人员:全社会中 16 岁以上,有劳动能力,从事一定渔业劳动并取得劳动报酬或经营收入的人员。

渔业专业从业人员:全年从事渔业活动 6 个月以上或 50% 以上的生活来源依赖渔业活动的渔业从业人员;

渔业兼业从业人员:全年从事渔业活动 3~6 个月或 20% ~50% 的生活来源依赖渔业活动的渔业从业人员;

渔业临时从业人员:全年从事渔业活动 3 个月以下或 20% 以下的生活来源依赖渔业活动的渔业从业人员。

第七章　远洋渔业

第 27 条　远洋渔业产量和远洋渔船

远洋渔业产量:由各远洋渔业企业和各生产单位按我国远洋渔业项目管理办法组织的远洋渔船(队)在非我国管辖水域(外国专属经济区水域或公海)捕捞的水产品产量。中外合资、合作渔船捕捞的水产品只统计按协议应属于中方所有的部分。

远洋渔船:按上述办法、协议,在上述水域进行常年或季节性生产的渔船。

第八章　水产苗种

第 28 条　苗种

鱼苗:卵黄囊基本消失,鱼鳔充气,能平游主动摄食的仔鱼,包括人工孵化和江河湖海港湾采捕的天然鱼苗。

鱼种:鱼苗经培育后,发育至全体鳞片,鳍条长全,外观具有成鱼基本特征的幼鱼,一般全长在 1. 7~23. 3 厘米,因出塘季节和培育期的不同,又俗称为夏花、冬片、春片、秋片、仔口和老口。

扣蟹:蟹苗经数次蜕皮变成外形接近蟹形的仔蟹,再经过 4~5 个月饲养培育成每千克 100~200 只性腺未成熟的幼蟹。

第 29 条　苗种数量统计原则

由苗种孵化或育成的单位归属统计,从他处购进或以其他方式取得苗种,不再进行统计。

第九章　水产加工业

第 30 条　水产加工企业

水产加工企业:从事水产品保鲜(保活)、保藏和加工利用的企业。

规模以上企业:年主营业务收入 500 万元以上的水产加工企业。

水产品加工能力:年加工处理水产品的总量。

第 31 条　水产冷库

水产冷库指主要用于水产品冻结、冷藏和制冰的场所，一般以低温冷藏库数作为冷库座数。

冷库的冻结能力、冷藏能力、制冰能力均指冷库建造设计的及后来改扩建新增的生产能力之和。

第 32 条　水产加工品

水产加工品指以水产品为原料，采用各种食品贮藏加工、水产综合利用技术和工艺所生产的产品，如冷冻冷藏品、腌制品、干制品、熏制品、罐头食品、各种生熟小包装食品，以及鱼油、鱼肝油、多烯脂肪酸制剂、饲料鱼粉、藻胶、碘、贝壳工艺品等。

一、水产冷冻品

水产冷冻品指为了保鲜，将水产品进行冷冻加工处理后得到的产品，包括冷冻品和冷冻加工品，但不包括商业冷藏品。

冷冻品泛指未改变其原始性状的粗加工产品，如冷冻全鱼、全虾等。

冷冻加工品指采用各种生产技术和工艺，改变其原始性状、改善其风味后制成的产品，如冻鱼片、冻虾仁、冷冻烤鳗、冻鱼籽等。

二、鱼糜制品和干腌制品

鱼糜制品指将鱼（虾、蟹、贝等）肉（或冷冻鱼糜）绞碎经配料、擂溃成为稠而富有黏性的鱼肉浆（生鱼糜），再做成一定形状后进行水煮（油炸或焙烤烘干）等加热或干燥处理而制成的食品，如鱼糜、鱼香肠、鱼丸、鱼糕、鱼饼、鱼面、模拟蟹肉等。

干腌制品指以水产品为原料，经脱水（烘干、烟熏、焙烤等）或添加腌制剂（盐、糖、酒、糟）制成具有保藏性和良好风味的产品，如烤鱼片、鱿鱼丝、鱼松、虾皮、虾米、海珍干品，以及海蜇、腌鱼、烟熏鱼、糟鱼、醉虾蟹、醉泥螺、卤甲鱼、水生动植物调味品（虾蟹酱、蚝油、鱼酱油）等。

藻类加工品指以海藻为原料，经加工处理制成具有保藏性和良好风味的方便食品，如海带结、干紫菜、调味裙带菜等。

三、水产罐制品

水产罐制品指以水产品为原料按照罐头工艺加工制成的产品，包括硬包装和软包装罐头，如鱼类罐头、虾贝类罐头等。

四、鱼粉

鱼粉指用低值水产品及水产品加工废弃物（如鱼骨、内脏、虾壳等）等为主要原料生产而成的加工品。

五、鱼油制品

鱼油制品指从鱼肉或鱼肝中提取油脂，并制成的产品，如粗鱼油、精鱼油、鱼肝油、深海鱼油等。

六、其他水产加工品

其他水产加工品指除上述加工产品之外的加工品统称，如助剂和添加剂（蛋白胨、褐藻胶、碘、甘露醇、卡拉胶、琼胶等）、珍珠加工品、贝壳工艺品、鱼酒、鱼奶等。

第十章　渔民家庭当年收支情况调查

第 33 条　家庭常住人口数

家庭常住人口数指全年经常在家或在家居住 6 个月以上，而且经济和生活与本户连成一体的人口数。外出从业人员在外居住时间虽然在 6 个月以上，但收入主要带回家中，经济与本户连为一体，仍视为家庭常住人口；在家居住，生活和本户连成一体的国家职工、退休人员也为家庭常住人口。但是现役军人、中专及以上（走读生除外）的在校学生，以及常年在外（不包括探亲、看病等）且已有稳定的职业与居住场所的外出从业人员，不应当作家庭常住人口。

第 34 条　家庭渔业从业人员人数

家庭渔业从业人员人数指家庭常住人口中从事渔业生产、销售、运输等活动累计 6 个月以上的人数。

第 35 条　全年总收入

全年总收入指调查期内被调查对象从各种来源渠道得到的收入总和。按收入的性质划分为家庭经营收入、工资性收入、财产净收入、转移性收入和政府生产补贴（惠农收入）。

第 36 条　家庭经营收入

家庭经营收入指以家庭为单位进行生产经营和管理而获得的收入，包括渔业（水产品及鱼苗）收入、其他家庭经营收入。

渔业收入：水产品及鱼苗用于市场交易的现金收入或自产自食的实物收入。市场交易的现金收入等于交易的水产品及鱼苗或与水产品有关的劳务活动量乘以市场价格，只要交易发生，包括现款和应收款都要计算为收入；自产自食的实物收入，按自食水产品数量乘以相应水产品成本价格计算。如某个水产品的市场平均价格为 10 元/千克，用于计算该水产品市场交易的现金收入；成本价格为 6 元/千克，用于计算自产自食的该水产品实物收入。

经营其他行业收入：渔民家庭自主经营的除渔业外的其他行业，如种植业、畜牧业、林业等第一产业，或从事第二、三产业所取得的经营收入。第一产业的收入包括现金和实物两个部分，计算方法与渔业收入类似；第二、三产业只计算现金部分。

第 37 条　工资性收入

工资性收入指渔民家庭中从业人员通过各种途径得到的全部劳动报酬和各种福利，包括在渔业生产劳动中获得的工资和在其他行业劳动中获得的工资。

工资的形式包含计时计件劳动报酬、奖金、津贴，以及单位代个人缴纳的养老保险、医疗保险、失业保险、房租费、水电费、托儿费、医疗费等，单位定期或不定期发放过节费、调动工作的安家费、相当于现金的通用购物卡、免费或低价提供的实物产品和服务折价、工作餐补贴折价，零星或兼职劳动中得到现金、实物补贴折价等，还包括股份制企业派发或奖励给员工的股票和期权。

工资按照收付实现制计算，只要是在调查期内实际得到的工资，无论该工资是补发还是预发，都应归为本期得到的工资收入。本调查期内应得但因拖欠等原因未得到的工资不应计入。

工资不包括因员工或员工家属大病、意外伤害、意外死亡等原因支付给员工或其遗属的抚恤金和困难补助金，应该将其列入转移性收入中的社会救济和补助收入。

第 38 条　财产性净收入

财产性净收入指渔民家庭住户或成员将其所拥有的金融资产和自然资源交由其他机构单位、住户或个人支配而获得的回报并扣除相关的费用之后得到的净收入。财产性净收入包括利息净收入、红利收入、储蓄性保险净收益和转让承包土地或水面经营权租金净收入等。

利息净收入指利息收入扣除该住户或个人付给债权方的生活性借贷款利息支出后得到的净值。利息收入指按照双方事先约定的金融契约条件,借出金融资产(存款、债券、贷款和其他应收账款)的住户或个人从债务方得到的本金之外的附加额。利息收入是应得收入,包括各类定期和活期存款利息、债券利息、个人借款利息等,银行代扣的利息所得税也包括在内。

红利收入指住户或个人作为股东将其资金交由公司支配或处置而有权获得的收益。包括股票发行公司按入股数量定期分配的股息、年终分红以及从集体财产入股或其他投资分配得到的股息和红利。股票买卖结算后获得的收益(含亏损)不包含在内。

储蓄性保险净收益指住户或个人参加储蓄性保险,扣除缴纳的保险本金及相关费用后,所获得的保险净收益,不包括保险责任人对保险人给予的保险理赔收入。

转让承包土地或水面经营权租金净收入指住户将拥有经营权或使用权的土地转让给其他机构单位或个人获得的补偿性收入扣除相关成本支出后得到的净收入,也包括从其他机构单位或个人获得的实物形式的收入。

其他财产净收入指住户所得的除上述以外的其他财产性收入扣除相关的维护成本之后得到的净收入。如通过在国外购买的土地、矿产等自然资源获得的财产净收入等。

财产性净收入不包括将非金融资产(如住房、生产经营用房、机械设备、专利、专有技术、商标商誉等)交由其他机构单位、住户或个人支配而获得的回报,应该计入“经营净收入”。财产性净收入也不包括转让资产所有权的溢价所得,这些是“非收入所得”,不包含在本调查中。

第 39 条　转移性收入

转移性收入指国家、单位、社会团体对住户的各种经常性转移支付和住户之间的经常性收入转移。它包括政府、非行政事业单位、社会团体对居民转移的养老金或退休金、社会救济和补助、惠农补贴、政策性生活补贴、救灾款、经常性捐赠和赔偿以及报销医疗费等;住户之间的赡养收入、经常性捐赠和赔偿,以及农村地区(村委会)在外(含国外)工作的本住户非常住成员寄回带回的收入等。

转移性收入不包括住户之间的实物馈赠。

养老金或离退休金指根据国家有关文件规定或合同约定,在劳动者年老或丧失劳动能力后,根据他们对社会、单位所作的贡献和所具备的享受养老保险资格或退休条件,按月以货币形式或实物产品及服务给予的待遇,主要用于保障因年老或疾病丧失劳动能力的劳动者的基本生活需要。包括离退休人员的养老金或离退休金、生活补贴,农民享有的新型农村养老保险金,城镇居民享有的社会养老保险金,国家或地方政府给予城镇无保障老人的养老金,因工致伤离退休人员的护理费,退休人员异地安家补助费、取暖补贴、医疗费、旅游补贴、书报费、困难补助以及在原工作单位所得的各种其他收入,相当于现金的购物卡券也包含在内。也包括发给的实物和购买指定物品的票证、购物卡券,应同时计入相应的实物产品和服务项目中。

社会救济和补助指国家、机关企事业单位、社会团体和个人对各类特殊家庭、人员提供的特别津贴。包括国家对享受城镇居民最低生活保障待遇的家庭发放的最低生活保障金、对农村五保户发放的五保救助金、国家和社会及机构单位对特殊困难家庭给予的困难补助、扶贫款、救灾款、国家或机构单位向由于失去工作能力或意外死亡等原因而失去工作的职工或其遗属定期发放的抚恤金等。也包括发给的实物和购买指定物品的票证、购物卡券,应同时计入相应的实物产品和服务项目中。

惠农补贴指政府为扶持农业、林业、牧业、渔业和农林牧渔服务业,以现金或实物形式发放的各种生产补贴。现金形式发放的补贴包括粮食直补、购置和更新大型农机具补贴、良种补贴、购买生产资料综合补贴、退耕还林还草补贴、畜牧业补贴等生产性补贴。实物形式发放的补贴指政府低价或免费提供的相关产品和服务,如免费或低价提供的种子、农机具服务等。包括经营渔业的生产性补贴和经营其他产业的生产性补贴。在鱼塘改造中,如果是以渔民家庭为主进行投入建设,得到了政府补贴,计入渔民得到的惠农补贴;如果是政府直接奖励或投入改造建设,则按相关市场价格计入生产性固定资产。

政策性生活补贴指根据国家的有关规定,中央财政、各级地方财政给予家庭的相关政策性生活补贴。包括家电下乡和以旧换新等家电补贴、能源补贴、给农村寄宿制中小学生的生活补贴等;也包括其他低价或免费提供的实物产品和服务,如廉租房等。

报销医疗费指参加新型农村合作医疗、城镇职工基本医疗保险、(城镇)居民基本医疗保险、城乡居民大病保险的居民在购买药品、进行门诊治疗或住院治疗之后,从社保基金或单位报销的医疗费。报销医疗费属于一种实物收入。报销医疗费包括使用社保卡进行医疗服务付费时直接扣减的、由社保基金支付的部分。从商业医疗保险获得报销的医疗费不包括在内。

外出从业人员寄回带回收入指在外(含国外)工作的本住户非常住成员寄回、带回的收入。无论是以现金、汇款、转账、银行卡共享等任何形式寄回、带回的收入,都应计入。

赡养收入指亲友因赡养和抚养义务经常性给予住户及其成员的现金和实物收入。

其他经常转移收入指住户从除上述各项转移性收入以外得到的其他经常性转移收入。如经常性捐赠收入、经常性赔偿收入、失业保险金、亲友搭伙费等。

经常性捐赠收入指住户从他人、组织、社会团体处得到的经常性捐献或赠送收入。这种捐赠收入带有义务性和经常性,不包括遗产及一次性馈赠收入、婚丧嫁娶礼金所得、压岁钱等。捐赠收入与赡养收入的区别:赠送是对本住户的成员无赡养义务的其他住户或个人给本住户及其成员的现金。本住户成员内部间的捐赠收入和捐赠支出均不必记账。

经常性赔偿收入指住户及其成员因受到财产损失、人身伤害、精神损失得到的国家、单位、个人定期支付的经常性赔偿,不包括一次性赔偿所得。

第 40 条　全年总支出

全年总支出指渔民家庭全年用于生产、生活和再分配的全部支出。包括:家庭经营费用支出、生产性固定资产折旧、税费支出、生活消费支出、转移性支出。

第 41 条　家庭经营费用支出

家庭经营费用支出指以家庭为单位从事生产经营活动而消费的商品和服务、自产自用产品。包括经营渔业费用支出和经营其他行业费用支出。

经营渔业费用支出包括燃料、水电及加冰费用、雇工费用、饲料费用、购买种苗费用,以及加工费用、修理费、承包或租用费等其他生产支出。其中燃料、水电费指用于生产的,不包括用于生活的支出;修理或改造费用等,指额度在1 000元以下的日常渔需物质支出,在此价值量之上的如渔具的大修理、鱼塘清淤、改造等较大规模投入，则按量按价计入固定资产。

经营其他行业费用支出指从事除渔业经营外的其他行业，如种植业、畜牧业、林业等第一产业，或从事第二、三产业经营的支出。其计算方法参考经营渔业支出。

第 42 条　生产性固定资产原价及折旧

生产性固定资产指使用年限在 2 年及以上、单位价值在1 000元以上的房屋建筑物、机器设备、器具工具、役畜、产品畜等资产，其中渔业生产性固定资产包括生产用车船、精养鱼池、大型网具、防逃设施、涵闸、泵站等。

生产性固定资产原价指固定资产当初的购进价、新建价或开始转为固定资产的价值。自繁自养的幼畜成龄转作役畜、产品畜、种畜，按市场同类牲畜的平均价格计价。国家奖励和外单位赠送的固定资产按购置同类固定资产的价格参照其新旧程度酌情计价。

渔民家庭的生产性固定资产折旧按农业生产性固定资产折旧方法处理，即 15 年的使用期限。

第 43 条　税费支出

税费支出指渔民家庭以现金和实物形式缴纳的从事生产经营活动的各种税赋支出，以及承包费、一事一议款、以资代劳款、乡村提留、集资摊派等费用，包括经营渔业税费支出和经营其他产业税费支出。对于无法区分家庭产业经营活动的税费支出，按一定比例分摊。

第 44 条　转移性支出

转移性支出指渔民家庭或成员对国家、单位、住户或个人的经常性或义务性转移支付，包括缴纳的税款、各项社会保障支出、赡养支出、经常性捐赠和赔偿支出以及其他经常转移性支出等。

个人所得税指家庭或成员被扣缴的工资薪金所得、对企事业单位的承包经营承租经营所得、个体工商户的生产经营所得、劳务报酬所得、稿酬所得、特许权使用费所得、利息股息红利所得、财产租赁所得、财产转让所得、偶然所得、经国务院财政部门确定征税的其他所得等个人所得的税款。生产税、消费税不在其内。

社会保障支出指家庭成员参加国家法律、法规规定的社会保障项目中由单位和个人共同缴纳的保障支出。包括养老保险、医疗保险、失业保险、工伤保险、生育保险以及其他社会保障支出。

赡养支出指家庭成员因赡养和抚养义务而付给亲友的经常性现金和定期的实物支出。现金赡养支出应按实际发生的金额计算，不论是从报告期收入中开支的，还是从银行存款、手存现金以及其他所得中开支的，均应包含在内。

其他经常转移支出指家庭或成员除缴纳的税款、社会保障支出、赡养支出以外的其他经常性转移支出，如经常性捐赠支出、经常性赔偿支出、各种罚款（如交通罚款）；政府部门向居民提供服务收取的服务费，如迁户口的办理费、办理身份证费，缴纳工会费、党费、团费以及学会团体组织费等。

经常性捐赠支出指家庭或成员赠予他人的经常性和带有义务性的现金支出，包括向寺庙的经常性捐款、定期资助贫困学生或贫困地区的款项、个人对公共设施建设的各类捐款，如解困基金、水利基金、防洪基金等，但不包括以商品或服务方式给予他人的价值额。婚丧嫁娶礼金支出及一次性馈赠支出如压岁钱、探望病人给予的礼金等不含在内。经常性捐赠支出应按实际发生的金额计算,不论是从报告期收入中开支的,还是从银行存款、手存现金以及其他所得中开支的,均应包括在内。

经常性赔偿支出指家庭或成员向因受到财产损失、人身伤害、精神损失的国家、单位、个人定期支付的赔偿支出,不包括一次性赔偿支出。

第 45 条　生活消费支出

生活消费支出指渔民家庭用于满足家庭日常生活消费需要的全部支出,包括伙食支出、烟酒支出、衣着支出、居住支出、生活用品支出、交通通信支出、教育文化娱乐支出、医疗保健支出、其他用品及服务支出。

伙食支出指渔民家庭住户购买粮、油、菜、肉、禽、蛋、奶、水产品、糖、饮料、干鲜瓜果等食品的支出,也包括在外饮食、餐馆外卖食品和其他饮食服务的支出,但不包括用于宠物食品的支出。

烟酒支出指渔民家庭住户用于烟草和酒类的支出。烟草包括卷烟、烟丝、烟叶。涵盖住户购买的所有烟草,包括在餐馆、酒吧等购买的烟草。不包括烟具。酒指用高粱、大麦、米、葡萄或其他水果发酵制成的含酒精饮料。主要有白酒、黄酒、葡萄酒、啤酒,包括低度酒精饮料或不含酒精的啤酒等。此处指买来在家喝的酒类,不包括在餐馆、旅馆、酒吧等消费的酒(在外饮食)。

衣着支出指渔民家庭住户用于穿着的支出,包括购买服装、服装材料、鞋类、其他衣类及配件,以及衣着相关加工服务的支出。

居住支出指渔民家庭住户用于居住的支出,包括房租、水、电、燃料、住房装潢、物业管理等方面的支出。

生活用品支出指渔民家庭住户购买家具和家用电器、日用杂品的支出。

家具和家用电器包括家具、家具材料、室内装饰品、家庭使用的各类大型器具和电器,小家电等,如冰箱、冷饮机、空调、洗衣机、吸尘器、干衣机、微波炉、洗碗机、消毒碗柜、炊具、炉灶、热水器、取暖器、保险柜、缝纫机、榨汁机、烤面包炉、酸奶机、熨斗、电水壶、电扇、电热毯等。

日用杂品包括床上用品、窗帘门帘和其他家用纺织品,以及洗涤及卫生用品、厨具、餐具、茶具、家用手工工具、其他日用品、护肤品、美容美发用品等。

交通通信支出指渔民家庭户在交通工具、交通费、通信器材、通信服务方面的支出。

交通工具包括家用汽车、摩托车、自行车及其他家庭交通工具。不包括经营用交通工具。

交通费包括乘坐各种交通工具(如飞机、火车、汽车、轮船等)所支付的交通费以及用于车辆使用的燃料费、停车费、维修费、车辆保险等。不包括因公出差暂由个人垫付的交通费。

通信工具包括固定电话机、移动电话机、寻呼机、传真机等。

通信服务费包括电话费、电话初装费、入网费、电信费、邮费等。

教育文化娱乐支出指渔民家庭户用于住户成员的教育活动、文化娱乐活动的支出。

教育包括职业技术培训费、学杂费、赞助费、一揽子教育服务费、教育用品支出等。文化娱乐包括用于文娱耐用消费品、其他文娱用品和文化娱乐服务。

文娱耐用消费品包括各种音像、摄影和信息处理设备,如彩色电视机、照相机、摄像机、组合音响、家用计算机,也包括中高档乐器、健身器材等,还包括文娱耐用消费品的零配件和维修。

其他文娱用品包括除教材及参考书以外的各种书报杂志及音像制品、文具纸张、体育户外用品、玩具、用于花鸟虫鱼等业余爱好的相关用品、宠物及宠物用品等其他文娱用品，也包括以上文娱用品的维修支出。

文化娱乐服务指和文化娱乐活动有关的各种服务费用。包括团体旅游、景点门票、体育健身活动、电影、话剧、演出票、有线电视费以及其他文化娱乐服务支出。

医疗保健支出指渔民家庭户购买医疗器具和药品，支付门诊和住院费方面的支出。

医疗器具和药品包括药品、滋补保健品、医疗卫生器具及用品和保健器具。

门诊和住院费指门诊和住院的医疗总费用，包括从各种医疗保险或其他医疗救助计划中获得的医药费和医疗费的报销款额；挂号费、诊疗费、注射费、手术费、透视费、镶牙费、出诊费、送药费、陪侍费、住院费、救护车费等；提供给门诊病人的药物、医疗器械和设备及其他保健产品。报销医疗费应按收付实现制记录，即仅当医疗费报销到手时才计入。

其他用品及服务指渔民家庭户在其他用品及服务方面的支出。

其他个人用品包括首饰、手表和其他杂项用品。

其他服务包括旅馆住宿费、美容美发洗浴、其他杂项服务。无法归入七大类服务支出的其他各项服务支出，如迷信、丧葬费、诉讼费、公证费、房地产中介服务费等也包含在内。

第 46 条　全年纯收入和渔业纯收入

全年纯收入指渔民家庭当年从各种来源得到的总收入相应地扣除所发生的费用后的收入总和。全年纯收入主要用于再生产投入和当年生活消费支出，也可用于储蓄和各种非义务性支出。渔民人均纯收入是按人口平均的纯收入水平，反映的是一个地区或一个渔民家庭的居民平均收入水平。计算方法：

全年纯收入＝全年总收入－家庭经营费用支出－生产性固定资产折旧－税费支出

渔业纯收入＝出售水产品收入＋从事渔业所获得的工资性收入－经营渔业支出－渔业固定资产折旧－渔业税费支出

第 47 条　可支配收入

可支配收入指渔民家庭户可用于最终消费支出和储蓄的总和，即可以用来自由支配的收入。可支配收入既包括现金，又包括实物收入。本调查按照收入的来源，可支配收入包含四项，分别为：工资性收入、经营净收入、财产净收入、转移净收入。计算公式为：

可支配收入＝工资性收入＋经营净收入＋财产净收入＋转移净收入

其中：

经营净收入＝经营收入－经营费用－生产性固定资产折旧－税费支出

转移净收入＝转移性收入－转移性支出

第 48 条　渔民家庭收支调查台账首页及问卷

渔民家庭收支调查台账首页是用于采集渔民家庭收支情况基础数据的方法。在调查户中建立台账首页，按一定时间将发生收支情况通过问卷访问进行记录，由县级渔业统计人员按时间要求，直接通过村干部或村农业技术员收集或调查。本台账首页及问卷为参考表样，各地可根据实际情况自行设计，方便渔民理解。在台账首页中需要一次性填写的内容包括样本户地址及代码、居住房屋面积和估价、拥有大型网具价值、养殖面积、机动渔船数量、功率和吨位等。

样本户地址及代码指渔民家庭收支调查样本户的居住地址，按省、地、县、乡、村的行政地址填写，代码是国家统计局公布的标准代码(12 位)。村内的样本户按自然顺序编码。样本户所在的行政区划名称发生改变，但尚未获得国家标准名称和代码的，原地址和代码不变，可在备注中说明。

居住房屋面积指住宅用于生活居住的建筑面积，应扣除住宅中非生活居住(出租、生产或商用)的建筑面积。

建筑面积以房屋产权证或租赁证为准，也可按使用面积乘以 1.333 计算得出。如果没有相应证明，则由调查员根据本住宅或类似住宅判断填写。建筑面积应填写整数，不为整数时应四舍五入。

居住房屋的估价指居住房屋建筑本身的市场估值，仅包含建筑物本身的价值，不包含宅基地的价值。市场估值主要由调查员辅助住户进行填报。按农村地区的住宅市场估值方法进行估价，调查员预先了解本地区目前平均的房屋建造成本，并将这些信息提供给调查户。针对某个具体住宅，首先估计目前如果要建造同类住房所需要的成本，然后按照 30 年折旧的期限，根据住宅的建筑年份对剩余的价值进行折算。例如，农村的一栋两层小楼，于 1997 年建成，已经使用了 15 年。目前建造同类住房的成本约为 20 万元，则按照 30 年的折旧期限，目前该住宅的价值为 10 万元。如果住宅的使用年限已经超过 30 年，则根据住宅目前的实际情况酌情进行估价。对于竹草土坯房，原则上住宅的市场估值不超过5 000元。

图书在版编目(CIP)数据

2021中国渔业统计年鉴/农业农村部渔业渔政管理局,全国水产技术推广总站,中国水产学会编制.—北京:中国农业出版社,2021.6
ISBN 978-7-109-28300-8

Ⅰ.①2… Ⅱ.①农… ②全… ③中… Ⅲ.①渔业经济-统计资料-中国-2021-年鉴 Ⅳ.①F326.4-66

中国版本图书馆CIP数据核字(2021)第101747号

2021中国渔业统计年鉴
2021 ZHONGGUO YUYE TONGJI NIANJIAN

中国农业出版社出版
地址:北京市朝阳区麦子店街18号楼
邮编:100125
责任编辑:陈　瑨
责任校对:吴丽婷
印刷:中农印务有限公司
版次:2021年6月第1版
印次:2021年6月北京第1次印刷
发行:新华书店北京发行所
开本:787mm×1092mm　1/16
印张:10.25　　插页:8
字数:300千字
定价:200.00元